DE VENDEDOR
A NEGOCIADOR

La guía práctica para negociar con éxito.

MIGUEL ANGEL TOROZ

DE VENDEDOR
A NEGOCIADOR

La guía práctica para negociar con éxito.

DE VENDEDOR A NEGOCIADOR.
La guía práctica para negociar con éxito

Publicado de forma digital e independiente.
Copyright © 2018 Miguel Angel Toroz

Primera Edición: Octubre 2018.
© 2018 1-809298-554818 D.R.

© ASIN: B07HWTX1C8

SELLO: Independently published
© ISBN: 9781726665230

contacto@miguelangeltoroz.com

No se permite la reproducción total o parcial de este libro ni su incorporación a un sistema informático, ni su transmisión en cualquier forma o por cualquier medio, sea este electrónico, mecánico, por fotocopia, por grabación u otros métodos, sin el permiso previo y por escrito de los titulares.
La infracción de los derechos mencionados puede ser constitutiva de delito contra la propiedad intelectual (Arts. 229 y siguiente de la Ley Federal de Derechos de Autor y Arts. 424 y siguientes del Código Penal).

Dedico este a…

*… A Lorena,
esposa, compañera, cómplice,
a mis hijos, Miguel Angel y Fernanda,
quienes han sido el motor e impulso,
para que lo terminara pronto.*

*… a mi Sacrosantoreverendamadre,
María Elena, que al final,
sin ella, no estaría yo aquí.*

*… y como dijo Albert Einstein,
"Siento una enorme gratitud
por todos aquellos que me dijeron "NO",
Gracias a ellos,
lo hice Yo mismo.*

Índice

	Prologo	11
01.	Conoce tu producto... ¡¡VENDE!!	15
02.	¿Qué es y Cómo PROSPECTAR?	27
03.	¿Qué es vender? ¿Qué es Negociar?...........................	43
04.	Características del Negociador	53
05.	Negociar o Persuadir...	61
06.	Aprendiendo a Negociar	77
07.	Conociendo tipos de Negociaciones	85
08.	Estrategias para Negociadores	95
09.	Negociaciones Difíciles	111
10.	Practicando y Creciendo	119
11.	Conclusión para Negociadores	135
	Bibliografías	139

Prólogo

Seguramente te has preguntado alguna vez al igual que yo, ¿Por qué en ventas?... ¿Qué me llevo a estar aquí como vendedor? ¿Realmente soy vendedor?... y la última que puedes hacerte ¿Realmente te gustan las ventas?, déjame ayudarte un poco y me gustaría adivinar, pero creo que en la mayoría de los casos puedo acertar, has llegado a las ventas por que no había nada más como alternativa en el momento que buscabas trabajo o por un destino específico, en el negocio familiar tu sigues en la línea generacional para continuarlo, también puede que me equivoque, y sí eres un Vendedor nato, que siempre dijiste "quiero ser Vendedor", déjame te digo que si es así, eres una especie de Súper Héroe para muchos. Ahora vamos a ver a los simples mortales como yo y como muchos más.

No todo el mundo nace con objetivo de vendedor y tus papás, cuando soñaban con tu futuro como "Arquitecto, Doctor, Abogado o Futbolista", según sea el caso, pero te aseguro que nunca dijeron "Vendedor, Comerciante, Empresario o Dueño de Negocio", el 100% de los papás idealizan o proyectan en cada uno de sus hijos, alguna profesión o licenciatura, ya sea la que ellos no pudieron desarrollar o la que les gustaría que fueras, pero no hay una base determinada, ni un por qué desde que somos pequeños, ya estamos proyectados a un futuro específico, y no se puede dejar de mencionar, el clásico -¿Qué quieres ser cuando crezcas?-, y la respuesta típica de la infancia -Bombero, Policía, Maestro, Piloto, Doctor, etc.

Y ¿que fue lo que pasó?, un día después de terminar la escuela, o de dejar el último trabajo, llegas a casa y dices que ya tienes trabajo, en ventas, y no te preguntaron de casualidad - *¿No había de otra cosa?* - o te dijiste la más común de las frases …
-*Aunque sea de vendedor, pero agarraré algo…-*

¿Te es familiar alguna de ellas?, tal ves si, tal ves no, al final, estas aquí y con esta guía, que cualquiera que sea el caso, deseo te ayude a incursionar o a desarrollar alguna habilidad más en el maravilloso mundo de las Ventas y Negociaciones.

Anteriormente, seguro y has escuchado de las diferentes técnicas de venta, de las cuales hay muchas y muy efectivas, cada una enfocada a implementar diferentes habilidades y otras muy puntuales, siendo todas efectivas en ciertas áreas y no tanto en otras, las cuales ya podremos más adelante conocer e identificar.

Permíteme llevarte a través de mi propia experiencia y los procedimientos que me han funcionado con éxito, para convertirme de un Vendedor a un Negociador, logrando tener ese crecimiento propio y dando el salto dentro de mi vida profesional y personal.

Revisando mis memorias, aún recuerdo cuando recibí aquella llamada para citarme a una entrevista de trabajo, que les era interesante mi Currículo, a lo que sin dudarlo asistí, la posición era la de "Asesor de Negocios", puesto, qué desde el inicio y sus amplias prestaciones, me llamaron la atención y el hecho de estar ahí, aplicar exámenes, varias entrevistas en un proceso de varios días, casi semanas, para una empresa de Transnacional y con presencia Mundial, me lleno de orgullo, pues no cualquiera es seleccionado.

Cuando en la etapa final del proceso de admisión, llega el momento de la firma de contrato y el inicio de capacitación, en el cual el periodo era de 3 meses, se me hacia largo, sin embargo, para ser un "Asesor de Negocios", sería necesario enfocarse en aprender por el tiempo que sea necesario.

Fue ya estando sentado frente al instructor en el arranque de la inducción y la capacitación que se obligada, cuando en la propia Bienvenida, se dice:

- *"Bienvenidos, al equipo de Ventas, esperamos de ustedes, su mejor esfuerzo en el cumplimiento de sus objetivos como Asesores de Negocios…"*

No terminaba de decir la frase cuando sentí como un balde de agua fría, ¿Cómo fue posible?... ¿Yo?... ¿en ventas?, Noo!!….. yo no soy vendedor, tengo estudios, no se vender, no me gusta vender… Interesante fue mi pensar, al decirme con tono de resignación

–*"Ya qué… ya estas aquí… avánzale un poco mientras y luego buscas algo más y que no sean ventas…"*

Vaya ahora la sorpresa, en febrero del 2018, cumplí 17 años, en área comercial. SI!!!... en Ventas!!!

Aparte estoy terminando los estudios de mi 3er carrera profesional, y ¿qué crees?... es la Licenciatura en Ventas y Comercialización, así es, me he convertido en un apasionado de las Ventas y sobre todo de las Negociaciones, así qué durante mi camino en este mundo, me he enamorado y he aprendido mucho de esta profesión, desde técnicas, hasta procedimientos, todos ellos diferentes y enfocados a un objetivo, ya sea Vender o Negociar, pero siempre en área comercial.

Por lo que espero que estas letras, basadas en mi experiencia te ayuden a entender y aprender un poco lo que a mi me ha funcionado y de igual forma, a ti te haga crecer cada vez más de forma exitosa.

Me gustaría aclarar que el contenido de esta obra, es información de recopilación de muchos años en teoría y campo, solo me convierto en el vocero y transmisor de esta información, que puede que ya la conozcas, o no, pero que el material que se mencionará podrá hacer referencia a diferentes autores, que como herramienta sus materiales han sido fundamentales, los cuales también recomiendo como fuente de información y de formación, como lo son Robert T. Kiyosaky autor de bestseller *"Padre Pobre, Padre Rico"*, Robin Sharma autor de *"El monje que vendió su Ferrari"*, Jürgen Klaric autor de *"Estamos Ciegos"* y *"Véndele a la mente, no a la gente"* y Titto Gálvez autor de *"De cero a Empresario"*, a quienes agradezco por llevarme a través de este camino con su enseñanza a través de sus libros, videos y conferencias, de igual forma algunos más de esta nueva era de Emprendimientos y Emprendedores, así como de Coaching Personal y Profesional.

Y por supuesto, a TI, que has colocado tu confianza en este material, que deseo sea de mucha utilidad profesional y personal, por lo que ahora, te doy la bienvenida y agradezco el permitirme formar parte de tu vida, nuestro camino esta por comenzar y terminará con las bases sólidas para que te Transformes en un NEGOCIADOR DE ALTO RENDIMIENTO.

Gracias.

Miguel Angel Toroz

01 Conoce tu producto…

¡¡VENDE!!

"Concretar una venta es importante, pero lograr la fidelidad de los clientes es VITAL."

Stan Rapp.

Un Vendedor capaz, con competencias y profesional no tiene problema alguno para realizar su trabajo, pues puede vender cualquier clase de producto o servicio, teniendo el conocimiento necesario y sus propias técnicas de venta, que pueden ser varias, existen muchas y con su correcta aplicación y desarrollo todas son efectivas.

Pero si NO se lleva el seguimiento correcto, NO podrá vender nada, así tenga la mejor técnica, si no tiene conocimiento de su producto, si no confía en él y se esta convencido, será inútil cualquier argumento, pues faltará lo esencial, Seguridad y Certeza en lo que se diga.

Digamos que esta debe ser siempre la primera regla en la venta, lo primero que hay que conocer es Nuestro Producto, el que tenemos que vender, así sea un Servicio, este se convierte en un producto, intangible, pero al final es un producto que debe generar ingresos y rentabilidad.

Conocerlo en su totalidad y a la hora de presentarlo a los clientes deberá apegarse a tres puntos claves:

1º. Transmitir toda la información a través de una idea al cliente dentro de su mismo lenguaje.
2º. Transformar de acuerdo con las especificaciones de las características del Producto en los beneficios.
3º. Haz visualizar los resultados reales y tangibles en experiencias de las ventajas y los beneficios que tu cliente obtendrá como resultado.

Vamos detallando estas 3 reglas con detenimiento:

1º. Transmitir toda la información a través de una idea al cliente dentro de su mismo lenguaje.

Recientemente se esta poniendo de moda que las compañías o industrias presenten sus propios productos, en lo que se conoce como Conferencia Técnica, ahí, la compañía se encarga de por medio de una presentación, el detallar su producto, siempre en el campo de su innovación y su tecnología, la cual esta implicada en el producto en sí.

Durante esta presentación o conferencia, se profundiza en las características del producto, pues al ser dirigida a personas involucradas en distribución o venta, se asume que ya están familiarizadas con los tecnicismos que se puedan presentar, uno de los modelos que se utilizan es la basado en el *"Storytelling"* o *"Cuenta una historia"*, técnica que utiliza una historia que hace referencia a plantear un problema y su solución usando el producto en cuestión, pues generando una historia de éxito, es muy fácil que la audiencia lo asimile y de esta forma sea la difusión del producto mismo, esto reflejará lo que se pretende hacer llegar a los clientes finales.

Como es fácil de imaginar, el conferencista usará un lenguaje técnico y especifico el cual esta diseñado para personas involucradas para su fácil entender, dando por hecho que los conceptos y explicación técnica en que se basa dicha conferencia serán entendidos por la audiencia.

Ahora la parte que debe interesar además de conocer las especificaciones, es el saber como aplican en su uso, de tal forma que las puedas transformar en argumentos sólidos y enfocados a los beneficios que recibirá el cliente, pues debes tener la habilidad de saber explicar tu producto y transmitir los beneficios y ventajas a un cliente que se dedica a las leyes, a la industria, a la panadería, a la mecánica de autos, en fin, todos deben de entender de manera clara y sin dudas, cada una de las ventajas que la tecnología en tu producto les brindará y así de esta manera cautivarlos en su beneficio, cuidando no confundirlos con mucha información técnica que no conozcan, por lo que recuerda, un lenguaje sencillo, claro y directo, es el más adecuado y mejor recibido por tu cliente.

Por eso es importante el lenguaje para entendimiento del cliente, pero ¿cómo puedo averiguar que es lo que conoce mi cliente de mi producto y que le estoy ofreciendo?

Te voy a contar un gran secreto que por muchos ha años ha funcionado, y te soluciona de inmediato esta pregunta:

- PREGUNTA...
- Pregúntale a tu cliente que conoce de tu producto!!

Esta es la mejor y más viable forma de averiguarlo, y además te ayudará a que lo guíes en base a su información, tal vez no sea correcta, tal vez si lo es y esto se convierte en una herramienta que te ayudará en la creación de tu vínculo de comunicación y en el desarrollo de la empatía hacia él, Adelante! ¡Pregunta! es válido...

2º. Transformar de acuerdo con las especificaciones y a las características del Producto, todos los beneficios.

Dando la importancia al tipo de lenguaje que se utilice con el cliente, este siempre debe ser respetuoso y sin tantas "vueltas", de forma directa preséntale las características de tu producto, transformadas en ventajas y beneficios hacia él, la mejor forma de hacerlo es dando primero el atributo o cualidad, luego explica de manera sencilla lo que esto significa en concreto y para terminar demuéstrale o exponle un ejemplo con beneficios que puede obtener.

Ahí es donde puedes utilizar una historia propia, enunciando la problemática inicial y el cómo tu producto, con las características y sus beneficios ayudaron a resolver y posiblemente evitar que de inicio se tuviera la situación que antepones, a esto lo puedes llamar *"Storytelling"* o *"Contar una historia"*, como lo mencionamos antes, cuenta tu propia historia, la historia que te ayudará a vender, vívela, siéntela, pues el contarla y transmitir esa emoción te impulsa a un buen termino, recuerda este *tip*: se negocia lo <u>racional,</u> y se vende lo <u>emocional</u>.

3°. Haz visualizar los resultados reales y tangibles en experiencias, de las ventajas y los beneficios que tu cliente obtendrá como resultado.

Pues bien, ya en este paso, la venta esta avanzada y si lo has hecho bien, llevas una alta probabilidad de cerrar y poder vender tu producto, solo falta lo que se llama "el cierre", y este puede ser espectacular.

Te darás cuenta que la información que ya proporcionaste y la que el cliente te proporcionó, es lo que ha ido desenvolviendo el interés, y luego el transmitir el mensaje de forma sencilla y clara, transformando las características en ventajas y beneficios, ha logrado que el cliente este cautivado, y ahora es el momento de llevarle la emoción, de esta forma el cliente ahora puede demostrar su real interés en el producto, esta esperando por los beneficios aplicados al resultado, la emoción que tendrá cuando los obtenga, entonces, argumenta las ventajas y beneficios que tu producto pueden hacer por él.

Ahora es de nuevo oportunidad de retomar en punto final el *"Storytelling"* o *"Contar la historia"*, tu historia, y hacer énfasis en los puntos resueltos y el como se resolvieron, explicando a detalle la sensación, el sentimiento y transmitiendo la emoción, de esta forma trasladar con un simple *"Estaría Ud. en esta posición y con esa sensación si el producto lo hace por Ud., ¿se lo puede imaginar?".*

Podrás ver el cambio de posturas del cliente con cada paso anterior aplicado de forma correcta, es básico que tu lo sientas, que sea una historia real y que los argumentos sean válidos, de esta forma la emoción será igual de real y perceptible, de lo contrario habrá un punto de inseguridad que el cliente de inmediato reconocerá y le confundirá, dejando de lado la sensación y no tomando decisión de compra.

Se necesita conocer a la perfección tu producto o servicio, esto es fundamental para ser un excelente vendedor, además, otro de los factores que influyen para concretar la venta de forma exitosa, es parte de la determinación del vendedor, el esfuerzo de venta comienza cuando te dicen "NO" de alguna forma, la venta no solo es vender la primera vez, el buen vendedor logra que le vuelvan a comprar.

Tu cliente puede estar muy satisfecho con el producto o servicio, pero no recomendarlo y la recomendación es el objetivo, el punto de partida es la satisfacción y esto en gran medida depende de la correcta asesoría del vendedor, quién de esta forma podrá fidelizar a su cliente.

Para que seas un vendedor de éxito, solo depende de los pasos previos al momento de la misma venta, saber el qué vendes, a quién vendérselo y reitero, conocer bien tu producto, de esta forma podrás resolver todas las dudas del cliente, podrás encontrar un buen argumento de venta que sea para el producto, tangible o no.

La confianza en ti mismo y en tu producto, es la clave de las ventas, y en la confianza que se transmite al cliente, si no hay confianza, no puede haber un cierre de venta.

Dado que todo lo que deseamos, tanto a nivel personal como profesional o estrictamente comercial, nos lo proporciona alguien experto en el producto o el mismo fabricante y Tú serás quien se convierta ahora en el experto para no defraudar a las personas o clientes que te rodean, ésta es la clave que abre la puerta del éxito, es decir, de las ventas.

Profesionalismo es punto de vital importancia en el cierre de negocios, este nos hará diferenciarnos, hará resaltar los puntos finos de nuestra asesoría, de la venta o de la negociación, siéntete profesional, créelo, proyéctalo vívelo, por que será necesario, si tomamos en cuenta que la oferta de productos o de servicios cada vez se parecen más, aunque sean de diferentes empresas, nosotros tenemos que generar esa diferencia al cliente, el *¿por qué comprar contigo?*

Si lo decimos de otro modo, la confianza que inspiras al cliente puede ser el pequeño granito de arena que incline la balanza hacia el lado positivo o hacia al otro, esa pequeña diferencia hará que el cliente prefiera comprar con tu empresa u otra, contigo o con alguien más.

Todo aquel que desee hacer negocios y establecer relaciones comerciales duraderas deberá ganarse este derecho.

El inspirar confianza a nuestros clientes es tan importante, pero ¿cómo se consigue inspirarla de forma natural?, la respuesta es muy sencilla: *"confiando en uno mismo".*

¿Sencillo?, no, no lo es, pues para confiar en uno mismo tienes que analizar de donde debe surgir esa seguridad, la cual debes transmitir, *Proyectar* como ya dijimos, y eso hará que los clientes te perciban como alguien confiable.

Hay que creer firmemente en uno mismo, cree en tu producto y en lo que vendes, en sus beneficios, pues cuando obtenemos un nuevo conocimiento sobre estos y lo que estos benefician a tu cliente o sobre cualquier otro aspecto relacionado con la venta y lo aplicamos una y otra vez, de forma exitosa, ese conocimiento se convierte en _EXPERIENCIA_ y esto es algo que podemos transmitir a los demás sin dudas, con certeza, y ese es un aspecto clave para generar confianza en los demás.

Cuando conocemos y encontramos el porqué y para qué de las cosas, hace que las comprendamos, se apliquen y podamos verificar que funcionan y eso puede convertirse en el argumento más poderoso de venta en *"formato beneficio"* para el cliente.

Hoy en día realizamos múltiples actividades diariamente, llenas de todo tipo de acciones y lo hacemos de forma rutinaria, estas acciones ocupan gran cantidad de tiempo, debemos ser conscientes de todas ellas y preguntarnos por qué las hacemos, y este punto sería tu inicio en donde debes preguntarte, si ésta es la mejor forma de tu actuar para conseguir la confianza y para transmitirla.

Cuando analizamos estas acciones, podemos observar también los resultados que obtenemos con cada una de ellas y de esta forma corregir o eliminar conductas que detectemos como negativas, los resultados que obtenemos no provienen de las horas trabajadas o del tiempo invertido en cada acción, sino de los conocimientos aplicados con éxito, dicho de otro modo, _EXPERIENCIA_, como le he mencionado.

No solamente hablemos de lo obvio, es necesario estar informado y adquirir mejor conocimiento sobre tu producto y del que esta en el mercado de forma similar, me refiero a la llamada competencia, y esto lo debemos hacer de forma constante, recuerda que el poder venderlo es por esa diferenciación que Tú detectas y explotas a tu favor, esto incrementará tu capacidad de venta y por supuesto, tus ingresos, ya que eso es sólo el resultado de un buen vendedor informado y *Experimentado*.

Hablemos ahora de los factores que afectan tus resultados, lo que puede suceder de no tener la información completa, no conocer las características y los beneficios de tu producto, el cual afectará muchas de las decisiones que tomas durante el proceso de venta, pues irás como se dice a *"tientas"*.

Por experiencia te puedo decir, que la mayoría de los vendedores que no venden bien, son los que no tienen ni siquiera un nivel de conocimiento aceptable en su propio producto, pues esto será básico para lograr diferenciarse de su competencia y como resultado o consecuencia, el no estar informado tu mismo te generarás obstáculos y muchas dificultades que en su mayoría podrían ser evitadas o manejadas.

Ya no hay excusas, el acceso a la información hoy en día, es tan basto y tan accesible, que el vendedor actual puede aprovechar múltiples canales de información, para poder conocer todo sobre su producto, sea por Internet, en la misma Planta o Fabricante, de otros vendedores, por medio de literatura de la marca, etc.; hay que considerar que esta misma información es a la que el consumidor tiene acceso y está acudiendo a estas fuentes para consulta, ya que ahora es muy normal encontrar clientes o prospectos mucho mejor informados que el mismo vendedor y esto elimina la confianza de forma automática del cliente al vendedor cuando la información difiere de lo que ya se revisó e investigo.

Por lo que el vendedor de hoy, que no logra vender bien, preferirá enfocarse en el tema financiero, argumentando precio, creando promociones y ofreciendo descuentos, etc.; en vez del enfocarse en el tema de producto, desarrollando sus beneficios, detallando sus bondades, destacando sus atributos y proyectando sus ventajas, pues erróneamente piensa que el valor monetario es lo que le interesa más a su cliente, convirtiendo esto en un grave error, el precio no es ya un factor que determine la venta, y al contrario, el tomar como base el precio y luego reducirlo, solo demeritará al producto mismo, así como al vendedor.

Para un vendedor sin conocimiento de su propio producto la consulta tiende a estar enfocada en los números, en los valores; sin embargo, si el cliente decide enfocarse en hacer comparaciones del producto con el similar de la competencia, entonces, ¡imagínate!, Si no conoces tu propio producto, ¿cómo queremos hacer que conozcas el de la competencia?

Muchos vendedores no saben orientar a su cliente hacia su producto, ni crear diferencia ante la competencia, me toco conocer a pocos vendedores que pueden darle al prospecto muchas razones, aparte de precio, del por qué su producto es mejor que el de su competencia y aún más importante, tienen y conocen razones de por qué ellos como vendedores son mejor que otros vendedores y por qué ambos, tanto el producto como ellos mismos, benefician y convencen a su cliente, obteniendo la atención, fidelización y aceptación en una larga relación comercial.

¿Cómo asesorarás a un cliente si no eres un experto en tu propio producto? Interesante dilema, porque jamás llevarías a tu familia con un doctor, si no conocieras el como consulta y por supuesto no le tendrías ni la más mínima confianza.

Es común, que existan las excepciones; sin embargo, cuando el vendedor no sustenta ni defiende su precio con los beneficios y los atributos, durante el proceso de ventas o negociación antes de llegar al momento de cierre, se enfrentará con objeciones de aspecto financiero, como *"dame un descuento"*, *"¿qué me vas a regalar?"*, *"allá me dan un mayor descuento"*, etc. y cuando el vendedor no puede dar más argumentos sólidos y el cliente no ve algún beneficio sustentado, en automático se empieza a deshacer la venta y se pierde la credibilidad, OJO, no en el producto, sino en el *vendedor!!*

La falta de conocimiento también te limitará en la búsqueda de alternativas durante una negociación; definiendo acciones como ofrecer una versión anterior u orientar al cliente hacia otro producto con características similares, en lugar de conocer su producto, irá en busca de que su gerente o alguien más le diga que hacer, al agotar sus pocos recursos.

Como vemos, esto también afecta de forma directa las objeciones del cliente, las que pueden ser resueltas y relativamente fáciles, se convertirán en irrevocables y son causas para la caída de la venta en el momento y lo más grave, en lo futuro.

02   ¿Qué es y Cómo PROSPECTAR?

"La mejor publicidad es la que nos hacen los clientes satisfechos".

Phillip Kotler.

Ya conoces tu producto, ya sabes los beneficios que ofrece, las ventajas que este tiene para tus clientes, el mercado y después de que estas convencido de él, ahora viene lo interesante... ¿A quién se lo vendo?

Si estas por tu cuenta, tienes que generar clientes, una *Cartera* o si formas parte de una empresa con clientes, ya tendrás acceso a alguna, pero para cualquiera de las alternativas, necesitarás generar TUS propios clientes, y te daré algunos *"tips"* de como puedes hacerlo y lo importante, cómo disfrutar de este proceso.

El proceso de Vender y Negociar no es otra cosa que el punto al final del camino, la parte donde culmina la labor que nos llevará al cierre y al éxito, que de igual forma se convierte en el inicio del todo, es decir, qué durante todo el proceso de vender y negociar, termina en un acuerdo exitoso, de momento, pero es donde inicia también la relación a futuro con nuestros clientes.

Pero... ¿Dónde comenzar?, ¿Cómo comenzar?, es aquí donde arrancamos con lo que llamamos PROSPECCIÓN, es saber ubicar, detectar e identificar a nuestros clientes, pues esta es la acción que debemos de realizar en el inicio del todo, donde principia esta aventura, nuestro punto de partida.

Es el primer paso del proceso de Ventas, como lo mencionamos, consiste en identificar los que serán nuestros Clientes Potenciales, *"Prospectos"*, el objetivo de *Prospectar* es generar una lista de todos y cada uno de los clientes probables para después planificar en una agenda el contactarlos, con el objetivo de convertirlos de posibles clientes a clientes activos.

Buscar clientes es clave de toda empresa, así como de cada persona dedicada las ventas, antes de enfocarse en la venta, debe preocuparse por conseguir llegar hasta los mejores clientes potenciales, es decir, llegar a los que serán sus clientes ideales durante mucho tiempo, determinar el tipo de clientes y la cantidad, es necesario, pues el tomar a todos y contactar a todos, con la intención de abarcar mercado, es un error que se comente muy a menudo, ya que el tiempo invertido y los resultados no serán los óptimos, además de que puede que los clientes no sean lo que esperamos e invertiremos tiempo y esfuerzo en algunos que puede que no sean viables o rentables.

Ya entrado en el tema y con una idea de que quiero compartir, vámonos desde el principio, ¿qué es *Prospección*?...

PROSPECCIÓN según el diccionario de la Real Academia Española:

1. f. Exploración del subsuelo basada en el examen de los caracteres del terreno y encaminada a descubrir yacimientos minerales, petrolíferos, aguas subterráneas, etc.
2. f. Exploración de posibilidades futuras basada en indicios presentes. Prospección de mercados, de tendencias de opinión.

Existen diferentes tipos de Prospección que podemos utilizar, puede ser la prospección de terrenos si es que vamos a construir, la de escuelas para estudiar algo en específico, de restaurantes cuando queremos algo en especial, de hoteles cuando saldremos de vacaciones o por algún viaje de trabajo, pero la que nos interesa es la *Prospección de Clientes*, la que es con finalidad comercial, ni más ni menos, la que con técnicas adecuadas para ello, se utiliza para encontrar a clientes potenciales para nuestro producto o servicio, con este tema quiero transmitir su importancia y algunas herramientas para realizar una prospección correcta, eficiente y, en la medida de nuestras posibilidades, maximizar la inversión en tiempo a realizar en este tema.

Solo realizando una adecuada *Prospección*, conocerás a las personas o empresas ideales a las que podrás ofrecer tus productos con mejores garantías de éxito, pues ubicarás el punto donde deberás de enfocarte para vender y/o negociar.

Te quiero aclarar que este proceso no es rápido, y merecerá de toda tu paciencia y ahínco, pues el realizarlo te traerá desánimos, pero también satisfacciones, pues te cerrarán mucho las puertas y habrá negativas, pero la perseverancia nunca debe flaquear, lo importante es no desanimarse y dar el siguiente paso.

Es muy extraño que un *Prospecto* responda al primer intento de acercamiento de un vendedor, habrá muchas ocasiones de contacto recibido y muchas de no recibido, sin embargo, el proceso para prospectar y un mejor resultado, necesita de *Seguimiento*... y seguimiento de tus seguimientos, y de tus seguimientos...

La principal razón por las que es tan recomendable la *Prospección* es porque te facilitará enormemente la venta, piensa por un momento... ¿Tendrías problemas en venderle a alguien que necesita tu producto o servicio?... la verdad es que no, el problema radica en saber dónde está ese cliente que necesita tu producto o servicio y estar ahí en el momento que lo necesita y en lugar donde lo busca...

Muchas empresas piensan qué con ubicarse en un lugar ideal, tener un hermoso aparador y mucho prestigio, los clientes llegaran solos... ¿Qué crees? qué en la mayoría de los casos esto ya no funciona así, la *Prospección* de clientes te impulsa a no quedarte sentado esperando a que los clientes lleguen por sí solos.

La realidad es que muchos vendedores prefieren darle la vuelta a este tema... ¿por qué?... bueno yo creo que es por el miedo al "rechazo" pues a nadie nos gusta que nos dejen plantados, el recibir un portazo en el momento de llagada, un "NO" como respuesta o en muchos casos que nos cuelguen el teléfono, no hay manera fácil de hacer esto, sólo hay que pensar que esto no es personal, ellos pueden estar ocupados y no podrán atendernos, o podrán estar rechazando el servicio o producto por tener uno ya, pero esto no es hacia a la persona, por eso no lo tomes personal, da la vuelta, programa de nuevo y el que sigue...

Pero entonces te preguntarás... ¿Cuántas acciones de contacto debe realizar un vendedor antes de rendirse? ¿Cuándo debe enviar los mensajes de acercamiento? y ¿Cuándo como vendedor debes enviar un correo electrónico, llamar por teléfono, o acercarse de alguna otra manera?

Es importante que el "cómo", el "cuándo" y el "qué" del seguimiento salga bien, si como vendedor deseas obtener la atención del cliente y hacer la venta.

¿Cuál es la cantidad correcta de puntos de contacto?

Primero, definamos *"Punto de contacto"*, este puede referirse como *"contactar"*, ya sea en un mensaje de voz, a un correo electrónico o a una conversación en vivo, no estoy considerando como *Contacto* a interacciones a través de redes sociales o a las llamadas sin mensaje de voz, cabe aclarar...

Existe evidencia que dice que la tasa de respuesta aumenta con cada intento de acercamiento, sin embargo, cuando se llega a las 5 veces en *puntos de contacto*, la ley del rendimiento decreciente entra en juego, concluyendo en otras palabras, el punto de contacto de 7 veces no es mucho más efectivo que el 6 veces, con esta idea, considero que 5 veces un punto de contacto es un buen punto de referencia.

Existen dos observaciones que quiero hacer sobre esta conclusión...

Primera: es que cada industria y perfil de comprador es diferente, mientras que realizar 5 intentos de punto de contacto, puede ser el número correcto para un tipo de prospecto, puede que 7 veces o 3 veces sean el número correcto para otro, es por esto qué debes probar un número de veces y observar tu propio índice de respuesta.

Segunda: se relaciona con la primera, para lograr resultados precisos de las pruebas de contacto, debes elegir un número determinado y dependiendo del prospecto con el que trabajes apegarte a el, la mayoría de los vendedores varían en el número de intentos que realizan en función del cliente, pero ¿cómo vas a descubrir tu número mágico para la situación o territorio sin tener datos consistentes?, si decides trabajar en una base de datos o un registro específico, debes comprometerte a realizar una cantidad fija de contactos con los que ahí relacionas.

El buscar acercarse varias veces no va a servir de nada si no cambias el contenido de tus mensajes, cada vez que contactes a un prospecto dale un valor añadido, por ejemplo, le puedes enviar un consejo corto en el primer correo electrónico, un enlace a un libro electrónico que le sea útil en el segundo, en fin, que haga que lo que reciba sea interesante y que se interese en ti y en tu producto o servicio.

¿Cuándo debería hacer mis acercamientos?

Pues te puedo decir y en basado en mi experiencia, la conexión crece en la medida que el día, la semana y el mes avanza, por lo que a mi me ha funcionado te puedo compartir los tiempos adecuados para realizar los acercamientos:

En que hora del día: 3 p.m. en adelante realizar una llamada, cinco minutos antes o después de la llamada enviar un correo electrónico con la información.

Que día de la semana: yo lo hago los Jueves y Viernes
Que fecha del mes: de los días 28 al 30 o 31.

Una práctica muy común en la mayoría de los vendedores es el realizar sus llamadas de prospección temprano, por la mañana y en los primeros días de la semana, sin embargo, ese es precisamente el momento en el que los compradores se encuentran planeando su trabajo y organizando sus tareas y por su saturación y prioridades no tendrán tiempo para atender tu llamada de ventas y si lo hacen no prestarán la atención necesaria, por esa razón yo opto por las 3pm cuando están un poco desahogados de pendientes.

Es por eso por lo que, ya por las tardes, podrás tener más éxito y oportunidad de que te atiendan, es cuando el día esté terminando, cuando tu prospecto ya tiene algo más tiempo para atender una llamada inesperada y prestarte algo de atención.

Ahora si hablamos de correos electrónicos, puedes escribir los mensajes en alguna hora durante el día, pero organiza con cuidado NO enviarlos al momento, sino hasta los cinco minutos antes o los cinco minutos después de la llamada que realices, ya que lo que queremos es que tu correo electrónico no se encuentre debajo de todos los primeros correos de la bandeja de entrada de tu cliente o prospecto, cinco minutos antes y después de la hora es el lapso de tiempo en el que los compradores revisarán su correo electrónico en base a tu llamada, siempre recuerda mencionarles que la información al respecto fue o será enviada, el dar "click" en enviar dentro de este lapso de 10 minutos incrementará dramáticamente tu oportunidad de obtener una respuesta a la información.

Por último, ¿cómo deberías distribuir tus *acciones de contacto*?, en el lapso de un mes, la mayoría de los vendedores realizan sus acercamientos, puede ser que realicen un acercamiento 2 veces el primer día, 1 vez más unos cuantos días después y otra vez más una semana después, finalmente una ocasión más una semana después y si no hay respuesta, los olvidan.

¿Te das cuenta de cuantos días hay entre estas *acciones de contacto*?, este patrón indica al comprador que tu información no es urgente, y para poderles expresar esta urgencia, te sugiero que inclines tus acciones de contacto de forma opuesta, espero un tiempo considerado después de hacer mi primer intento de seguimiento, tal vez 12 días o dos semanas, pero después empleo la regla de lo que se conoce como *"Mitad de vida"* con cada acercamiento siguiente, es decir, te propongo seguir este patrón en la agenda, por ejemplo mes de Octubre:

Primer acercamiento: 01 de Octubre
Segundo acercamiento: 13 de Octubre   (12 días después)
Tercer acercamiento: 19 de Octubre   (6 días después)
Cuarto acercamiento: 22 de Octubre   (3 días después)
Quinto acercamiento: 24 de Octubre al mediodía
                                          (un día y medio después)

Como puedes ver la tendencia va incrementando en presencia y recortando en tiempo, de esta manera el comprador siente que la urgencia del mensaje está creciendo en lugar de disminuir.

¿Qué tipos de mensajes debería utilizar?

La mezcla del tipo de mensajes de prospección solo debe ser eso, una mezcla, la cantidad entre las llamadas y los correos electrónicos deben ser determinados por ti y esta deberá ser en base a lo que funcione mejor con tu producto o servicio, adicional que tienes conocimiento del cliente, y sabrás hasta donde puedes hacerte presente sin llegar a ser molesto.

Te sugiero enfocarte un poco más en el teléfono que en los correos electrónicos, te generará mejores resultados, pues lo hacer más personal, ya que el correo electrónico impersonaliza la comunicación, además de que si hay dudas se lleva algo de tiempo resolverlas, una llamada es lo que se llama *"Comunicación Bilateral"*, pues en el momento se pregunta y se responde y un correo electrónico se convierte en *"Comunicación Unilateral"*, pues se enviará el mensaje, cuando la otra parte lo vea responderá, y así consecutivamente, por lo que el tiempo de respuestas dependerá de la frecuencia que cada uno este pendiente de revisar y responder, este proceso se puede llevar a lapsos de tiempo entre una acción y la otra muy largos, por esa razón, te recomiendo llevar un seguimiento de 3 llamadas y 2 correos electrónicos separados, agilizando el proceso de comunicación, pero igual puedes jugar con las frecuencias, 3 correos electrónicos y 2 llamadas también es aceptable, tu encontrarás el balance adecuado mientras que juegas en estas alternativas lo harás de en base a las preferencias de tus clientes, también recuerda mantenerte atento en cómo funcionan en las diferentes horas del día, así como con los diferentes tipos de información y mensajes y en el número de acciones de contacto influyendo en tu éxito, crea tu estrategia en base a esta información y desarrolla Tu *"Agenda de prospección"*.

Técnicas de prospección continua

Una ves que ya determines tu agenda de acciones para contacto, *Prográmala*, en cuanto a tiempos, días y frecuencias, para esto deberás de tener claro quienes son tus prospectos y su hábitos, esto deriva también del dónde están ellos, necesitarás conocer algunas técnicas de el cómo y dónde realizar prospecciones, no es difícil, ya puede tener una idea, sin embargo, te comparto algunas ideas de prospección que conozco y considero muy útiles, no es necesario hacer todas, elige las que se adapten a tu giro de negocio y a tu personalidad por supuesto.

1) **Prospección Interna:** tendrás que realizar una revisión profunda de tu antigua cartera, de todos tus registros de clientes que dejaron de comprar y de personas que estuvieron interesadas pero que no regresaron, si llevas una buena administración de clientes a través de un CRM esto no será problema, en caso

contrario... a buscar en los presupuestos, cotizaciones, notas, facturas, etc. y en cualquier lugar donde puedas rescatar estos datos para empezar a trabajarlos de nuevo, el retomar clientes que ya te conocen y conocen tu producto, te facilitará mucho la operación, además de que tienes argumentos de novedad o de alguna innovación en tus productos.

2) **Prospección Directa:** esta es la más común y antigua forma de venta en las empresas pero la más difícil, aquí nos podemos encontrar la común técnica del *"Cambaceo"*, un recorrido puntual de un zona de la ciudad, también conocida como *"Venta de puerta en puerta"*, por calles, por colonias, por áreas postales, etc.; este tipo de prospección se lleva a cabo en "frío", es decir, de inesperado para el contacto con los posibles clientes y es importante definir una zona geográfica a visitar, recorridos fijos diarios en los que se realiza un barrido del punto A al punto B previamente determinado, técnica antigua pero aún utilizada por algunos sectores del mercado y efectiva para solo pocos productos.

3) **Prospección de Directorio:** la prospección a través de la búsqueda de clientes potenciales por medio de directorios generales o especializados, por supuesto, aquí entra la muy común Sección Amarilla, también por medio de internet tendrás acceso a directorios especializados y específicos, por directorios de asociaciones y cámaras empresariales, si eres miembro de ellas, no olvides las listas de los asistentes de algunas ferias y exposiciones, éstas listas también puedes usarlas en este tipo de prospección, en general, la idea es hacer un recorrido telefónico de cada uno de los registros que consideras pueden ser clientes potenciales.

4) **Prospección por Prensa:** de igual forma que la anterior, pero aquí te basas en anuncios de los principales periódicos de tu localidad y en algunas revistas especializadas o generales, todas aquellas en las que se anuncian tus clientes potenciales, ahí te puedes apoyar en la selección de datos y números telefónicos que proveen y, generando un listado de contactos para iniciar con ellos en una nueva agenda de cada edición que puedas recibir o esté a tu alcance.

5) **Promociones Directas:** esta prospección se realiza de persona a persona, contacto directo, lo puedes hacer a través de las visitas o asistir a convenciones, ferias, exposiciones, demostraciones, módulos, etc.; aquí te debes enfocar en localizar y filtrar clientes potenciales y hacer contacto personal con ellos. Deberás asistir a eventos en los que puedan acudir clientes potenciales y hacer contacto con ellos, muchos de estos son gratuitos, podrás entregar los datos y pedir los suyos para darles posteriormente seguimiento, esto se conoce como *"Networking"*.

6) **Prospección por Asociación:** puedes buscar en tu localidad los tipos de Asociaciones Profesionales que se establecen, y que están tú mercado meta: Colegio de contadores, Médicos, Ingenieros, Abogados, etc., así como las Cámaras empresariales, Cámaras de Comercio, Club de Industriales, etc., si te es posible trata la formar de entrar en ellas y ser miembro, o en el conseguir a alguien que ya esté dentro o sencillamente acércate a ellos para obtener información del cómo puedes conseguir los contactos.

7) **Prospección Referida:** esta es el tipo más recomendable por mi parte, pues en lo personal, mientras tengas más elementos que generen confianza en los clientes potenciales, mayores posibilidades tendrás de cerrar con éxito una venta, por ello, dedícale mucho tiempo a las personas que pueden recomendarte

y referirte, es la publicidad de "boca en boca", busca entre tu familia, amigos, colegas, clientes, antiguos compañeros, jefes o empleos, haz una lista y llámalos, pídeles que te recomienden con personas o empresas específicas y de forma directa, ya sea que ellos te saquen una cita, si es posible que llamen para avisar que llamarás o envíen un correo de recomendación, pero estimula y fija estas acciones concretas, te aseguro que te sorprenderás de hasta donde y con que tipo de contactos tendrás alcance.

Ahora, ya que vimos algunas técnicas de Prospección, te comparto algunos *"tips"* que pueden ayudar a incrementar la eficacia de estas técnicas.

-*Red de contactos*, haz de tu propia agenda telefónica una red, las relaciones personales siguen siendo la más poderosa forma de hacer negocios, te encontrarás que hay algunas personas que te pueden apoyar y que hace tiempo no contactas, retoma estas relaciones y conviértelas de personales a profesionales, dedica algo de tiempo para cultivarlas y hacer crecer tu red de forma exponencial.

- *Frecuenta lugares*, una de las ventajas de conocer bien tu mercado es que podrás saber dónde encontrarlos, qué suelen hacer, que tipo de lugares frecuentan, el por que se reúnen, etc. y entonces agendar y planificar tu tiempo para estar ahí, relacionarte con ellos y permanecer de forma profesional.

- *Alianzas estratégicas*, busca la oportunidad de presentarte y presentar tu producto, desarrolla el trabajar en equipo con otras empresas que tengan un mercado similar al tuyo o que se complementen, pero que no sean competencia, esta alternativa es genial para encontrar nuevas oportunidades con el mínimo esfuerzo y además a través de ellos referenciarte cada vez más.

- *Reuniones profesionales*, cuando de verdad has conectado tu chip de prospectar, entenderás que es un trabajo de tiempo completo, aprovecharás toda ocasión para expandir tu marca, servicio y/o productos, aprovechando cada oportunidad, esa reunión familiar, con tus excompañeros de escuela, la boda del mejor amigo y hasta en una fila de banco podrás encontrar la oportunidad, y conforme lo hagas desarrollarás la habilidad de hacerlo hasta de forma inconsciente.

- *Servicios a la comunidad*, también te puedes hacer presente y apoyar causas sociales, ecológicas o humanas, además de que es una forma de encontrar nuevos contactos, al mismo tiempo posicionarás tu marca en labores sociales, que hoy en día dan impulso interesante, pues ante la comunidad, demostrarás preocupación en bienestar común, no tienes idea de cuantas grandes corporaciones voltearán a verte y conocerte.

- *Por Internet,* no dejemos de lado la qué sin duda, hoy es la prospección más completa y efectiva, la Prospección Online, hoy en día es una herramienta muy poderosa, el utilizar la herramienta del Internet, te lleva hasta los lugares más recónditos para contactar clientes, adicional a que te proporcionará TODA, la información que quieras, si se utiliza de manera adecuada y se sabe como y donde buscar.

- *Ofrece cursos y/o talleres*, para este tipo de prospección, necesitas armar eventos, y puedes matar dos pájaros de un tiro, te posicionas y das a conocer como experto en la materia y en tu producto y adicional puedes recabar muchos contactos de negocio, y si se organizan sin costo alguno, la afluencia será de más del doble de lo que puedas esperar, recuerda dirigir a tu mercado la publicidad adecuada y prepárate a medir el resultado.

- *Agradecimientos a clientes*, teniendo estos detalles siempre te recordarán por la amabilidad y seguro tendrás más posibilidades de ser recomendado con frecuencia, además de que cuando en referencia te nombren o a tu producto, la apreciación será muy agradable, recuerda tu cortesía y amabilidad siempre, no necesariamente sea o no prospecto, estarás presente, toma en cuenta las fechas especiales de clientes, aprovecha estas para prospectar y atráelos mediante promociones, campañas y ofertas exclusivas.

Adicionalmente te comparto la clave que en lo personal, me ha funcionado de maravilla, *"Primero Interésate por lo que hace el otro"*, esto no es otra cosa que el mostrar interés por la otra persona y sus funciones, es decir, una vez que conoces a alguien, pregúntale a que se dedica, que hace ahí, cual es la importancia de lo que hace, como eso impacta a su empresa, cada vez obtén información, menciónale que es interesante conocer a alguien que realice eso, preguntando más sobre el otro y lo que desarrolla, despertará su propia curiosidad, y una vez que le demuestres que te ha interesado en lo que se desempeña, solo espera su pregunta clave el:
- Y tú… ¿a que te dedicas?

¡¡Ahí esta tu entrada !!, cuando preste interés en ti, quiere decir que has captado su atención, y tu respuesta deberá de ser contundente…

A que me refiero con esto, por ejemplo, si te dedicas la venta de inmuebles, deberás decir por ejemplo que tu provees de *"bienestar y seguridad a futuro en patrimonios familiares"*, esta frase impacta más que decir que vendes casas, o bien si te dedicas a la venta o fabricación de zapatos, podrás decir que eres *"creador de artículos de presencia e imagen en confort personal"*, ¿no crees qué funcionará mejor?...

Ahora bien, si captaste la idea, no importa que artículo o que servicio comercialices, busca cual es el argumento clave en base a los beneficios y ventajas que ofreces, y de ahí desarrolla tu propia "*Frase de Poder*", y lánzate a probar, te aseguro que captas la atención de más de uno en estos ejercicios, lo que poco a poco te harán un experto en la Prospección.

Recuerda siempre proyectar tu seguridad en la información que proveerás y susténtala con hechos, recuerdas el *"Storytelling"*, pues esto se puede aplicar de forma presencial y hasta en tus prospecciones por teléfono.

03 ¿Qué es Vender? ¿Qué es Negociar?

"Ten cuidado a quien pides consejos. Yo recibo consejos de personas que están donde yo quiero llegar."

Robert T. Kiyosaky

Ahora que hemos visto la importancia del conocimiento del producto, y el como prospectar a clientes, practícalo en conjunto y ve midiendo tus resultados, te volverás mas asertivo y dinámico en tus argumentos, y ha llegado el momento de aplicarlo a las ventas y también en las negociaciones, vamos a lo que es *Vender* para dar paso a lo que es *Negociar*, pero ¿qué son cada una?

Recordemos que al inicio de este libro, te mencionaba que en mi caso personal, llegue a las ventas de *"rebote"*, por decirlo así, y fue hasta que llegué al curso de inducción de una empresa transnacional y en ese momento yo no sabía lo que es vender y me encontré frente un paradigma, pues siempre decía que las ventas no eran para mi, que no eran lo mío, y que quien tuviera que estar en ventas, le sufriría mucho, al menos esa fue mi percepción.

Y que fue ahí mismo que durante la capacitación, se presentó la siguiente situación, cuando al terminar el curso, el Instructor de dirige a mi y me pregunta:

- Miguel... ¿Que te parecen las ventas ahora?
- Pues insisto, es muy interesante, pero yo no me considero vendedor.
- ¿Por que? Tienes alguna duda de lo que acabamos de ver?
- No, todo esta claro y me gusto el curso en su totalidad, sin embargo, sigo creyendo que no se como vender, no creo que tenga esa capacidad y habilidad para con la gente.
- Y entonces, si te gustó, y te vi desenvolverte en las actividades de forma correcta, ¿no te entiendo?
- Tengo dudas de mi, no de lo que he aprendido, me da miedo vender.
- Entonces... No vendas... *Negocia,* deja de tratar de ser Vendedor, y vuélvete Negociador.

Cabe mencionar ese breve cuestionamiento, su respuesta tan directa, tan franca y tan rápida, me cambió la vida, hizo en mi dar un giro de 360°, cambió por completo mi forma de pensar y de ver las cosas.

Cuanta razón tuvo al dirigirme por la visión correcta y enfocarme, lo cual agradezco, pues de lo contrario no hubiera durado ni un año en la empresa y ahora, estoy aquí, compartiendo contigo, todo lo que he aprendido y el como lo he aplicado, esperando que ahora tu encuentres en las ventas y las negociaciones, la satisfacción que me ha mantenido es este medio.

Ahora después de conocer tu *Producto* y saber qué es y cómo *Prospectar*, te pregunto ¿qué es VENDER?, realmente lo sabes o solo tienes alguna idea de lo que puede ser, en mi caso después de revisar a varios autores y artículos, en varias fuentes, como lo son algunos libros, revistas especializadas y por su puesto la infaltable red de Internet, puedo darte varias definiciones, sin embargo, lo que haré es concentrar la información e interpretarla de la mejor forma.

Vamos a ver que se dice de las ventas, del *Vender*, por ejemplo, la Real Academia Española de la Lengua, al respecto:

VENDER según la RAE (Real Academia Española):
1. tr. Traspasar a alguien por el precio convenido la propiedad de lo que se posee.
2. tr. Ofrecer al público los géneros o mercancías para quien las quiera comprar.
3. tr. Sacrificar al interés algo que no tiene valor material. Vender la honra, la justicia.
4. tr. Dicho de una persona: Faltar uno a la fe, confianza o amistad que debe a otra.
5. tr. Hacer aparecer o presentar algo o a alguien de una manera hábil y persuasiva.
6. intr. Dicho de una persona, de una idea, de una conducta y, especialmente, de un producto comercial: Conseguir mayor o menor éxito de ventas o alcanzar aceptación social.
7. prnl. Dejarse sobornar.
8. prnl. Ofrecerse a todo riesgo y costa en favor de alguien, aun exponiendo su libertad.
9. prnl. Dicho de una persona: Decir o hacer inadvertidamente algo que descubre lo que quiere tener oculto.
10. prnl. Dicho de una persona: Atribuirse condición o calidad que no tiene.

Por otro lado, tenemos grandes autores que también tienen su punto de vista muy particular, veamos algunos de ellos:

Según P. Kotler: "el concepto de venta es otra forma de acceso al mercado para muchas empresas, cuyo objetivo, es vender lo que hacen en lugar de hacer lo que el mercado desea".

Según Allan L. Reid: "afirma que la venta promueve un intercambio de productos y servicios".

Y así podemos encontrar a muchos más que darán su definición sobre ventas o vender, me gustaría decir que estas definiciones están sujetas al perfil y experiencia de cada autor, por lo que, de forma individual, los significados pueden distar mucho unos de otros, así que entonces, sigamos descifrando lo que son las ventas...

Inclusive podemos decir que las ventas o vender es cuando se le demuestra al cliente que tu producto le satisface algunas carencias o necesidades que tiene, aquí el tema principal es entender y conocer las necesidades del cliente, y es cuando surge el problema, en muchas de las ocasiones es el cliente el que no siempre expresa sus necesidades, o cuando lo hace no lo hace de forma clara.

Podemos decir también que Vender, es el proceso de identificar las necesidades de nuestros clientes y la satisfacción de las mismas mediante argumentos; el crear un vínculo de confianza y comunicación, nos permitirá demostrar beneficios y ventajas de nuestro producto, donde, si hacemos esto correctamente, detectando y satisfaciendo las necesidades adecuadas, podremos obtener como resultado que la acción inmediata y lógica sea comprar nuestro producto y de esta manera concretamos la venta, validando nuestra oferta y credibilidad.

Por lo que entendemos entonces que es el realizar las acciones de proporcionar un bien o servicio a nuestro cliente, satisfaciendo su necesidad y haciendo la operación rentable, dejando alguna utilidad a nuestro favor o de nuestra empresa.

Si entonces vender, es el generar solución a una necesidad y en parte hacia nosotros un beneficio, ¿solo esto dejamos al cliente?, ¿solo la necesidad cubierta?, recuerdo que alguna vez me dijeron que vender es una operación de momento, que se repite solo algunas veces con los clientes, y si estos llegan a regresar, se les vuelve a vender, luego entonces, hay que trabajar con los clientes en una relación comercial, que sean cautivos, que estén de forma incondicional contando con nosotros, ya sea a través del producto o servicio, de la atención prestada o de los valores adicionales que ofrezcamos, es en estos valores y nuestra oferta que entra la Negociación, cuando se no solicite algo más y cuando queramos fidelizar al cliente con nosotros y nuestro producto.

Veamos ahora que es Negociar, para entender esta etapa que llevará a que un cliente no sea de solo una ocasión u oportunidad, sino de constancia y de fomentar o crear una relación comercial, duradera, ahora entonces...

Que dice la Real Academia Española de la Lengua, sobre Negociar:

NEGOCIAR según la RAE (Real Academia Española):
    1. intr. Tratar y comerciar, comprando y vendiendo o cambiando géneros, mercancías o valores para aumentar el caudal.
    2. intr. Tratar asuntos públicos o privados procurando su mejor logro.
    3. intr. Tratar por la vía diplomática, de potencia a potencia, un asunto, como un tratado de alianza, de comercio, etc.
    4. tr. Ajustar el traspaso, cesión o endoso de un vale, de un efecto o de una letra.
    5. tr. Descontar valores.

También revisemos algunos autores sobre la definición o significado que adjudican a Negociar:

> *Según Roger Fisher: "la negociación debe ser un proceso conjunto en el cual cada uno intenta lograr, a través de la persuasión, más de lo que podría obtener actuando por su propia cuenta".*

> *Según Carlos M. Aldao-Zapiola: "Negociación es la actividad dialéctica en la cual las partes que representan intereses discrepantes se comunican e interactúan influenciándose recíprocamente; para lo cual utilizan tanto el poder como la disposición que pueda existir para aceptarlo, con el fin de arribar a un acuerdo".*

Ya vemos que el significado y sus aplicaciones, al igual que Vender, Negociar también es aplicable en diferentes criterios y situaciones, por lo que encontraremos variados conceptos al respecto, y de la misma forma, están basados en el expertice de cada autor y el giro de su profesión.

De estas dos palabras, Vender y Negociar, puedo también dar un significado y su aplicación, sin embargo, me gustaría que fueras tú, estimado lector, el que pueda crear en su propio criterio y experiencia, un significado para ambas, lo que te dará de inicio una pauta de ser generador y desarrollador de tu propio concepto.

A mi me toca ahora plantearte entonces alguna idea de lo que son las diferencias de Vender y de Negociar, las cuales están enfocadas en el mismo fin, el Comercio y Ganancias.

Digamos que en la venta siempre habrá una oferta y una demanda, en donde la oferta de precio o valor no se conoce por el cliente, es en el momento de conocerla que puede o no tomarla, su decisión involucra un esfuerzo mínimo, ahí es donde se realiza una VENTA.

Pero en una Negociación, no dependerá de la oferta de precio o valor, ni de el cliente o consumidor, sino de las condiciones mismas de la oferta que puede o no conocer el cliente, es el cliente quien podrá pedir o solicitar un ajuste a las condiciones de lo ofertado, es ahí donde inicia el proceso de la NEGOCIACIÓN, ésta siempre será diferente, y el resultado puede ser una o muchas VENTAS.

Para negociar, primero que hay que tener claro es que será posible que se deba ceder en algunas condiciones de nuestra propuesta inicial para obtener el acuerdo con el cliente, entonces tu objetivo, es que ese "algo" sea el cierre de la venta, aquí la negociación se convierte en un proceso en el cual se presentaran posturas de manera _racional_, como pueden ser los costos, producción, tiempos, plazos y algunas otras condiciones del negocio, si fuera venta, esto trataría sobre aspectos _emotivos_, debemos ahora aprender que se _compra lo emotivo_ y se _negocia lo racional_.

Quiero ser un poco más claro en este punto, generar una venta, es enfocarnos en satisfacer la necesidad con fundamentos emotivos, es decir, guiando al cliente a la situación de satisfacción y cobertura de su necesidad, ahí su emoción, esto le dará tranquilidad de que ha hecho lo correcto adquiriendo un producto o servicio que ya no necesitará, pues ya lo tiene.

Por lo que dejando una idea clara de lo que es VENDER y lo que es NEGOCIAR, resumo en una idea general de ambos:

VENDER: es la acción de realizar el intercambio de un producto o servicio por su equivalente acordado en forma monetaria, haciendo ver al cliente los beneficios, que cubrirán sus necesidades en el momento de cerrar la transacción.

NEGOCIAR: es la operación que, en relación con una venta, genera el desarrollo amplio de beneficios y ventajas, tanto comerciales como financieras, esto para ambas partes involucradas en la venta de un bien o servicio, dejando siempre la pauta de común acuerdo para una amplia relación comercial.

Ahora, generar una negociación, implica tener argumentos preparados, es decir, conocer los alcances de nuestro lado, y poder anteponerlos cuando sea necesario, para así lograr un acuerdo, cuando el cliente deja de lado lo emotivo, y comienza en un análisis racional, es el momento de Negociar, pues ya la venta será el resultado de un acuerdo consensado, lo que no será fácil, una vez que la parte racional analiza cada uno de lo factores a su propio interés, debemos intervenir cada argumento u objeción de forma *intuitiva* y *persuasiva,* pero ¿qué es esto?, ¿cómo lo puedo hacer?...

Existen diferentes tipos de Negociadores, creo que los principales y más efectivos a mi parecer, son los del tipo Intuitivo y el Persuasivo.

El _Negociador Intuitivo_, es aquel que define los factores claves y descarta los detalles irrelevantes, a veces descubre soluciones inesperadas y puede ver la situación como un todo, visualiza las implicaciones propuestas y puede anticipar el progreso de la negociación, sin embargo, en ocasiones puede generar desconfianza por su forma poco convencional de actuar y sus respuestas directas, pues solo él verá los fundamentos.

El _Negociador Persuasivo_, tiene las cualidades de una persona empática, es buen comunicador, trabaja en la escucha activa obteniendo información, mantiene una mente abierta y es innovador de ideas, puede generar en el momento una alternativa más a su favor y en favor del cliente, este Negociador es ideal para obtener resultados, pues puede analizar en breves momentos el rumbo de la negociación, y siempre negociará en pro de ambas partes, en general, el negociador persuasivo buscará soluciones integrales.

Entonces te preguntarás ¿Qué hacemos primero vender o negociar?...

Te diré que como primer objetivo, tenemos que vender y luego negociar, pues si queremos realizar una negociación en primer lugar, sin tener la confianza y el interés de la otra persona, será muy complicado llegar a un acuerdo aceptable y en beneficio de ambos, dado que al vender el cliente conocerá los beneficios de tu producto o servicio, teniendo ya interés en algo que ahora conoce, puesto que el no estar interesado, no sabrás a qué escenario te enfrentas y puede que esta situación los lleve un mal término.

Pongamos un ejemplo de lo anterior, le seguimos vendiendo a un cliente que ya nos ha comprado, pero ahora por alguna razón quiere negociar: El cliente no necesita más argumentación sobre las virtudes de tu producto, pues ya lo conoce y lo ha probado con anterioridad, lo que busca ahora es cambiar condiciones de compra, las que son bases de la oferta original.

Si iniciamos la negociación, cuando el cliente todavía no dice qué y cuánto va comprar, podemos irnos con estrategias como bajar los precios, mejorar los plazos de entrega o las condiciones de pago, pero esto hará que tu operación sea menos rentable y con todo esto no facilitará el cierre, por lo que es mejor primero escuchar el qué requiere ahora el cliente, y enfocarnos en ese punto, por ejemplo, puede que solo quiera una fecha mas rápida de entrega, o solo unos días más para poder hacer el pago, pero si arrojamos todos los argumentos anteriores de precios bajos, de entregas, de plazos, entonces el cliente entenderá que siempre pudiste dar estos beneficios, y se sentirá engañado por no haberlos ofrecido antes.

Por eso es esencial, que cuando se presente la oportunidad de una Negociación, primero se escuche detenidamente que requiere la otra parte, así nuestras alternativas o *"ases"* se utilizarán en su momento, y te aseguro que no utilizarás todas, dejando algún "as" como alternativa para la próxima negociación.

Y haciendo alusión a lo anterior, cito a Katherine Barchetti, diciendo:

"Haz un cliente, no una venta".

Interpretando, un cliente es para fomentar la relación comercial, para desarrollarla en largo plazo y con una venta, esta puede ser momentánea y de oportunidad, tal vez única.

Tengamos claro también que estar en una Negociación, debe ser un intercambio de opiniones y conjeturas, para llegar a un acuerdo consensado y de aceptación con ambas partes, el negociar es lograr que ambas partes queden satisfechas con lo obtenido y con una puerta abierta para futuros diálogos y también nuevas negociaciones.

Y un punto fundamental, es la credibilidad y confianza que has logrado en el cliente para llegar a la etapa de Negociación, créelo, de no existir, no se presentaría esta oportunidad.

04 Características del Negociador

"En los negocios como en la vida, tú no obtienes lo que mereces; obtienes lo que negocias."

Dr. Chester L. Karrass.

Ahora veamos lo que considero son las características de un Negociador, existen muchas y hay muchos autores que explican y detallan esto, como G. *Richard Shell* en *"Negociar con ventaja"* y como *Jim Thomas* en *"Negociar para ganar"*, sin embargo, al ser muchas las características del buen negociador y que lo definen y diferencian de lo que puede ser un *"Negociador"* o del típico y muy común *"Vendedor-charlatán"*, les puedo señalar las siguientes y todas ellas con la misma importancia:

Apasionado: entusiasta de retos, va la negociación y esta no le asusta, sino todo lo contrario, la visualiza como un desafío a vencer y por su puesto ganar en ella, se siente cómodo creando alternativas, innovando y presentando soluciones que muchas veces son arriesgadas pero dentro de su entorno de control, tampoco le asustan las negociaciones complicadas o de alto nivel, estas incluso hasta le motivan más pues el resultado favorable será su premio, su recompensa y su crecimiento en experiencia, apasionadamente aborda la negociación con ganas, con ilusión y visión, aplica todo su conocimiento, experiencia, entusiasmo y energía en obtener el mejor resultado para ambos y salir victorioso en el proceso alcanzando un buen acuerdo.

Comunicador: el manejo de la información le permitirá dominar el tema, y conocerlo bien, lo que le permite transmitir y expresar sus ideas y conocimientos de forma asertiva y precisa, aún cuando sean alternativas a los objetivos planeados, sabe presentar con suficiente claridad la oferta y todos los beneficios dentro de sus posibilidades, dando el énfasis necesario y enalteciendo su propuesta, apoyándose en su autoridad en el tema, por lo que siempre conseguirá atraer y mantener el interés de la otra parte, su forma de expresión esta basada en su propia convicción.

Persuasivo: tiene el don de la empatía y su manejo le hace saber el como convencer y de que forma lograrlo, puede utilizar con cada interlocutor aquellos argumentos que sean más apropiados, y modificarlos en momento adecuado dando dirección a la misma negociación, su lenguaje y forma de transmitirlo hará que sean los temas que ha determinado los que más le puedan interesar a la otra parte y poder tener claridad en anticipar los resultados.

Observador: su habilidad de poder detectar no solo su entorno, le permitirá crear un vínculo con la otra parte, logrando crear un ambiente de confianza y seguridad para la negociación y para sí mismo, además podrá conforme vaya avanzando captar el estado de ánimo de la otra parte, anticipar y detectar cuáles son realmente sus necesidades, y por consiguiente qué es lo que espera alcanzar, podrá detectar el estilo de negociación y adaptarse a ella, esta característica le permitirá "leer" el lenguaje no verbal, siendo una parte fundamental al momento de entablar desde negociaciones básicas hasta de alto nivel.

Psicólogo: su capacidad de observación y análisis hará que sea capaz de captar los rasgos principales de la personalidad de la otra parte, y anticiparse a las reacciones, así como sus intenciones, si es honesto, riguroso, cumplidor, si es de fiar, si tiene intención real de cerrar un acuerdo y bajo que esquema de ventajas, mutuas o a su favor, esto de igual manera hará que sea capas de adaptarse y entablar bajo los criterios de comportamiento, las actitudes y argumentos adecuados para su mejor resultado.

Sociable: ésta es una cualidad fundamental de un buen negociador es su facilidad para entablar relaciones personales, el tener la capacidad de generar empatía, su habilidad para romper el hielo de forma adecuada, que aunada a la observación le dará herramientas para hacerlo correctamente, esto lo usará como herramienta para crear una atmósfera de confianza, como lo hemos mencionado, esta característica además de establecer la confianza entre ambas partes, le hará desarrollar una conversación interesante, animada, variada y oportuna.

Respetuoso: en todo momento deberá mostrará interés hacia su interlocutor, comprenderá su posición y considerará lógico que luche por sus intereses, siempre argumentando de forma cortés sus ideas y propuestas, su meta estará fija en llegar a un acuerdo justo y con beneficio para todos y en todo momento, en esta parte también es necesario resaltar la imagen de uno mismo, la personalidad y el lenguaje principalmente, estos son puntos básicos para resaltar nuestra credibilidad.

Honesto: todo argumento deberá estar sustentado y ser sólido, además de real, pues se debe negociar de buena fe, no buscando engañar u ocultar información a la otra parte, cuidando que dentro de los parámetros todo argumento y propuesta pueda cumplir con todo lo acordado en beneficio de ambas partes y con claridad, si por algún motivo se creara un detalle de incertidumbre, y no pueda ser soportado o aclarado, este puede generar el principio de caída en le negociación completa, pues se pondrán en entredicho todos los argumentos presentados.

Profesional: establecer desde el inicio que se es una persona capacitada, con formación y con posibilidades de tomar decisión, es necesario preparar con esmero cualquier negociación, no dejando nada al azar o a la suposición, un buen negociador detesta iniciar una negociación de forma improvisada, la falta de orden y el rigor que esto puede ocasionar por la otra parte y la de llevar una negociación con poca seriedad.

Conocer con precisión y detalle las características de su oferta, así como comparación con la alternativa de sus competidores, conocer el cómo puede satisfacer las necesidades de la otra parte siempre dando prioridad a sus solicitudes y beneficios, debe ser meticuloso, preocupado por recabar toda la información disponible, siempre que le sea posible y en base al nivel de la negociación, ensayará sus presentaciones, sabrá definir con precisión su estrategia y sus objetivos estarán siempre claros, esta característica hace que dé mucha importancia a los pequeños detalles.

Firmeza: deberá en todo momento tener las ideas muy claras, sabe lo que busca y el como encontrarlo, conoce hasta donde puede ceder y hasta donde debe presionar, maneja a detalle cuáles son los aspectos irrenunciables y los renunciables, el buen negociador es gentil en las formas, pero firme en cada una de sus ideas y cuidando siempre el no llegar a ser inflexible, en la negociación no se puede ser blando, puede costar muy caro el no saber hasta donde tiene el control, esto no implica que tenga que ser duro, agresivo o arrogante; lo que sí, es que se vuelve fundamental tener las ideas muy claras y el demostrar de forma adecuada el coraje de luchar por ellas y sus objetivos.

Autoconfianza: el buen negociador debe de sentirse seguro de su posición, no se deberá dejar impresionar por la otra parte y colocarse a su mismo nivel, no se sentirá intimidado si el estilo es agresivo por su oponente, ni confiado por un estilo dócil, sabe mantener la calma en situaciones de tensión, controlar en todo momento sus impulsos, no deberá de tratar de sacar ventaja de la situación, su autocontrol estará presente en todo momento y en con toda su postura.

Ágil: perceptivo para captar inmediatamente los puntos de acuerdo y de desacuerdo, improvisando con autoridad y validez a cada punto de negociación, sabe como reaccionar con rapidez, encontrar soluciones prácticas y efectivas, deberá tomar decisiones sobre la marcha, está capacitado en saber ajustar su posición en función de la toda la nueva información que recibe y del avance y dirección de la negociación. No deja escapar nunca una oportunidad detectándola certeramente.

Resolutivo: su habilidad para buscar y encontrar resultados en el corto plazo en beneficio de ambos, aunque sin precipitarse pues sabrá que cada negociación lleva su propio tiempo y que hay que respetarlo, sin apresurar alguna respuesta, debe saber cuales son sus objetivos y dirigir las propuestas hacia ellos, los obstáculos son retos, las objeciones son argumentos y están para superarse, no deberá desistir sin presentar una batalla, pues habrá muchas antes de culminar con éxito la negociación.

Arriesgado: debe saber tomar decisiones con el posible riesgo que conllevan y estar consciente de este, pero sin ser imprudente distinguiendo las decisiones trascendentales que le exigirán un tiempo de reflexión y que deben ser analizados pacientemente y que conviene consultar con los niveles superiores de la compañía, cuando estos sean presentados, es cuando identifica que la negociación deberá ser tomada con un rumbo diferente y que su preparación establecerá la certeza del resultado.

Paciente: debe conocer el momento justo y saber aplicar la espera, las operaciones llevan un ritmo que conviene respetar, al momento de negociar no debe haber precipitación haciendo el intento de cerrar un acuerdo por miedo a perderlo, pues esto podrá echar abajo la negociación, un negociador es consciente de que esta acción de premura despertará en la otra parte la sensación de urgencia y esta precipitación, puede traer desventaja para nuestra negociación o en su defecto, percibirse como desconfianza y ante este sentimiento, un negociador sabe que debe frenar o dar marcha atrás, este puede ser el valor de las *"pausas"*.

Creativo: como se menciono antes, el negociador debe encontrar la manera de superar los obstáculos, *"innova"*, *"improvisa"*, "inventa" soluciones novedosas y dentro de sus parámetros, sabe detectar nuevas áreas de colaboración y avance, encontrará cada alternativa en el momento, y poniendo en práctica su creatividad, estas podrán ser exactas o aproximadas, pero siempre dentro de sus propios limites, los que al conocer y manejar con exactitud, le dan la libertad de generar en el momento una solución o propuesta alternativa para cada argumento de la otra parte.

Por último, es muy importante resaltar qué si bien hay personas con facilidad innata para la negociación, estas características y aptitudes también se pueden aprender asistiendo a cursos de formación y a base de práctica, y leyendo diferentes temas y autores, como este libro, que se vuelve una herramienta, pues con los conocimientos adquiridos y la práctica, se crean las bases bien cimentadas, la experiencia hará el resto conforme se practique en el día a día.

Siendo concluyente, las características que están presentes en un Negociador pueden presentarse de forma individual o en conjunto a su vez, sin embargo, mucho de estas están ya de forma natural en cada uno de nosotros, el como son desarrolladas y para que finalidad, es la libre decisión de cada uno.

Sin embargo, con cada una de ellas, en suma, y de una adicional muy importante, las Negociaciones serán desafiantes en todo momento, la *ACTITUD*, ésta es en particular el motor principal, pues estará presente desde la llegada e inicio hasta el término y despedida de la negociación y es lo que proyectamos como Negociadores exitosos, experimentados y confiables ante la otra parte.

05 Negociar o Persuadir...

"Lo más importante en una negociación, es escuchar lo que no se dice."

Peter Drucker.

La *Negociación* no debemos interpretarla como un diálogo, en donde alguna parte perderá, no se trata de bajar precios o como se dice comúnmente "Regatear", esto solo hará que se pierda la seriedad y el profesionalismo.

Por lo que, si queremos llevar a cabo una Negociación profesional y digna de nuestra imagen, te compartiré 3 pasos que después de investigar, aprender y poner en práctica, me han funcionado muy bien en el momento de desarrollar y entablar una negociación.

Primer paso, **Preparación:** es muy necesario que tengas claro cuáles son tus puntos de inicio y cual deberá o podría ser el último punto de la negociación, para esto debemos llegar preparados con toda la información necesaria y tener listos o previstos los argumentos que pondremos o que puedan ir surgiendo en la mesa de negociación conforme esta se desarrolle.

Para poder tener un inicio o arranque óptimo de negociación, es básica nuestra información y empatía para con el cliente o con la otra parte negociadora, de ahí se derivará todo nuestro avance, pues la cordialidad y en ocasiones nuestra solidaridad es fundamental, pues es necesario conocer y estar de acuerdo en cada término que se desarrollará, para así manejar todos los argumentos e ideas propuestas en favor de ambas partes.

Tomemos un poco de esto para armar nuestra negociación, es decir, debemos saber cual de nuestros productos o producto es el de interés en esta negociación, además de todas las facilidades que por nuestra parte pueden ser propuestas, estos son nuestros *"ases bajo la manga"*, pues nosotros conocemos hasta donde podemos otorgar estos beneficios, ya sea nuestras fechas de producción, nuestros mínimos y máximos en precios, nuestros tiempos de entrega y hasta cuanto es nuestro límite si es necesario manejar algún tipo de plazo en cuanto a crédito.

Una vez identificada cada una de nuestras herramientas para presentar y nuestros máximos en conceder, es necesario saber que estos, solo serán utilizados de ser presentados o solicitados, pues no se deberán ni ofertar, ni proponer si no es necesario, recordemos que son ventajas que en su momento podemos utilizar a favor, y son alcances desconocidos por nuestro cliente, que podrá traducir como beneficios adicionales, demos ese valor agregado a cada argumento presentado.

Ya con las herramientas o *"ases"* preparados, es necesario figurar escenarios, en lo personal utilizo el Excelente, el Bueno y el Malo, y en ocasiones hasta el Peor, pues en cada uno determino mi resultado estimado, en beneficio de ambos, lo cual es un consejo que te puedo dar, ir con un análisis por escenarios, y anticipar cualquiera de ellos, y conocer que puede haber un excelente resultado y al mismo tiempo puede haber un pésimo resultado, y para cada uno deberás estar preparado tanto en lo mental como en lo emocional, pues de tu *actitud* y reacción dependerá un 90% tu resultado final, y el profesionalismo con el que se asuma el resultado.

Segundo paso, **Evaluación:** es esta otra parte también importante, pues el anticiparnos a los resultados, generando los escenarios anteriores, nos hará saber que dirección puede tomar la negociación desde su inicio a su final y son puntos que debemos considerar, así sabremos el qué se deberá hacer con cada avance, pues podremos ver si va por el escenario previsto o no.

El estar dispuesto a escuchar a la contraparte, nos permitirá ir poco a poco armando el escenario correcto, localizando los argumentos o herramientas para presentar y desarrollar, escuchar se convertirá en un ejercicio activo que implicará asegurarse de confirmar, que lo que se ha entendido fue lo que efectivamente se dijo o se acordó, no debe haber margen de error en esta parte, pues es necesario verificar que se ha entendido, pues deberemos de validar la interpretación de lo que se proponga y de lo que se entienda por ambas partes, y así eliminar cualquier controversia asumida en un mala interpretación.

Por otro lado, el estar en posición de *escucha activa*, nos arrojará cuestionamientos, se formularán preguntas y algunas no serán de respuesta cerrada, pero con esto se logrará obtener información que le servirá para análisis, ya sea para reafirmar una posición o para conocer y procesar más información que permitirá realizar ajustes a los argumentos resolutivos y a la posición de cada parte en la negociación.

Conforme la negociación se desarrolla y avanza es momento de ir evaluando nuestras alternativas e ir proponiendo de poco a poco cada beneficio, sin proponer el máximo, es decir dosificando estos beneficios, siempre alternado con algo similar a cambio, recordemos que el negociar es brindar ventajas y beneficios en nuestra contra parte a cambio de otros similares a nuestro favor y debemos hacer sentir a nuestro cliente que se le va otorgando cada vez más beneficio, conforme concedemos de manera equitativa, por ejemplo, si se nos solicita una condición de precio más bajo, es oportunidad para proponer a cambio un incremento en lo que puede ser un volumen mayor, ahora si es solicitado como base un ajuste en cuanto plazo de crédito en los pagos, esto podrá ser nuestra entrada para otorgarlo proporcional al % de incremento adicional en utilidad, pues nuestro argumento de negocios será el coste financiero, siempre nuestro objetivo sería el llevar el punto con el cliente a un Ganar-Ganar e ir cediendo de acuerdo a lo ganado en cada punto de negociación, esto nos indicará como es nuestro avance.

Tercer paso, **Información:** todos los datos que conozcamos o podamos recibir de parte de nuestro cliente, pues puede ser un cliente dentro de nuestra cartera con una trayectoria comercial o puede ser un cliente nuevo con el interés mutuo en desarrollar una relación comercial, por lo que debemos buscar información, recabar datos posibles del como se comporta comercialmente, como se desarrolla en los negocios con sus clientes y proveedores y hasta de la forma de ser de quienes negocian en su representación, toda esta *información* se convierte en nuestro *"Poder"*, y es nuestra experiencia lo que nos indicará como utilizarla, adicional te comento que es fundamental tener la calma necesaria para escuchar todo lo que nuestra contraparte nos diga, esta información nos da la pauta de conocer que es lo que requiere, lo que realmente necesita y el por qué lo busca en la negociación, para poder proponerle exactamente eso que quiere obtener.

Nuestra cautela al realizar propuestas se convertirá en clave principal para llevar a cabo la negociación de forma adecuada, si dejamos que nos gane la ambición o proyectamos agresividad al momento de negociar, tratando de ser ventajosos, todo lo planeado y trabajado será inútil, pues podrá terminar en la basura y de forma directa afectará la relación con el cliente, tendremos un resultado desastroso afectando no solo nuestra imagen sino la de nuestra empresa o producto que representamos.

Podemos considerar a la negociación como un arte, aquellas personas que se dedican o quienes nos dedicamos a ello, sabemos que la mejor forma de negociar de forma exitosa es llevando la negociación a un punto donde ambas partes ganen, ahora, las negociaciones internas, son indispensables cuando hay presencia de conflictos, ya sea entre departamentos, compañeros, equipos o entre distribuidores o accionistas, para lograr llegar a los acuerdos necesarios es indispensable conocer algunas claves para negociar con éxito, como lo son la *persuasión*, el uso de la información y la habilidad de convencimiento.

El arte de *negociar* y/o el arte de *persuadir*, es de la misma forma que el vendedor argumenta con el cliente para que éste compre, lo que un negociador propone y respalda en su argumento resolviendo a la otra parte de la mejor forma posible.

El arte de **Persuadir,** no se trata de manipular, sino del saber hablar, de utilizar las palabras adecuadas en el momento justo, de saber llevar en la dirección correcta al cliente, a través de explicar a detalle los beneficios y ventajas que tiene el producto, esto en el caso de ser vendedor o de argumentar y explicar a detalle nuestra propuesta resolutiva, direccionando con argumentos el camino hacia nuestro objetivo, esto en el caso de ser negociador.

De acuerdo como se va desarrollando una negociación, ambas partes buscarán satisfacer sus intereses, alcanzar acuerdos llegar a un Ganar-Ganar que beneficie a ambos lados de la mesa, esto es posible y además es el concepto básico y el mejor valorado a la hora de realizar un acuerdo. La ética y profesionalismo negociador se impone, logrando que conceptos como la confianza, la transparencia, justicia y equilibro sean fundamentales y se conviertan en el centro de cada etapa de nuestra negociación.

Ahora, la *Persuasión*, estará muy presente durante todo este proceso, es el método más influyente, pues logra convencer gracias a la argumentación y no de forma obligada o forzada, sino a través de fundamentos y argumentos siempre sólidos, y reales, pero ahora veamos, ¿en qué consiste exactamente la *Persuasión*?

Existe mucha información al respecto y han sido muchos los estudios que se han hecho sobre la *Persuasión* y sobre todo aquello que crea una influencia en nosotros a la hora de tomar una decisión, uno de los expertos en este campo, es el psicólogo estadounidense el *Dr. Robert Cialdini*, quien es también el autor del libro *"Influence, the psychology of persuasion"*, y de este les quiero compartir estos principios sobre la persuasión que pueden influir como herramientas en una negociación:

- *Principio de Reciprocidad*
- *Principio de Escasez*
- *Principio de Autoridad*
- *Principio de Simpatía*
- *Principio de Coherencia*

Principio de Reciprocidad

La tendencia y reacción natural del ser humano es la de devolver lo que hemos recibido previamente, así es igual, en una negociación, recibiremos confianza si con anterioridad empatizamos con la otra parte. Si explicamos cuáles son nuestros intereses, estaremos en condiciones para conocer desde el principio también cuáles son las intenciones de la otra parte, existe una predisposición a equilibrar la situación, tratar a los demás como nos tratan devolviendo la atención.

Por ejemplo, y no puedes decir que no es cierto, si envías a alguien un regalo de cumpleaños, lo más seguro es que recibas luego un regalo de esa persona ya sea en tu cumpleaños, o en algún día especial, Claro!! lo mismo ocurre cuando sostienes una puerta para que alguien pase y a cambio recibes un "Gracias" o cuando invitas a un amigo a tomar café y luego él te invita en un futuro, en todos estos casos, como bien indica *Robert Cialdini*, lo que se esta aplicando es la *reciprocidad*.

Esta es una regla poderosa, que modifica la conducta humana y que nos obliga a dar algo de vuelta, ahí esta el sentimiento de compromiso que se genera en nosotros, los seres humanos estamos programados para ayudar a aquellos que ya nos han ayudado previamente, devolviendo el favor, por decirlo de alguna manera, pero independientemente de la cultura y sin haber sido enseñados, es natural la reacción.

Si deseamos obtener el máximo resultado del principio de Reciprocidad en los negocios, será necesario personalizarlo, es decir, dar algo inesperado y que sea especial, que haga que el momento sea memorable para nuestro cliente, otro ejemplo, pues de ser como cuando recibimos 300 felicitaciones de navidad de todos los proveedores y clientes, que rara vez recordamos alguna, además, de ser totalmente previsible por la temporalidad, la mayoría son enviadas a cientos de personas y es común que uno no recuerde quién la mandó.

En cambio, esta es la forma de hacer la diferencia, si enviamos una felicitación personalizada, una semana antes del cumpleaños de la persona, ¡¡¡Sorpresa!! esto si fue inesperado, además si lo hemos personalizado, casi con toda seguridad, esa persona se acordará de ti y de tu producto y si fuera el caso, del obsequio, es con este tipo de detalles con los que puedes modificar la conducta de tu cliente y generar un compromiso de forma inconsciente en esa persona.

En resumen, para modificar la conducta de la otra persona y crear reciprocidad, hay que buscar el cómo dar algo que sea personalizado, memorable e inesperado, ¡¡*Sorpréndelo!!* y permanece en su mente y su recuerdo, la reciprocidad funcionará adecuadamente en el momento justo.

Principio de Escases

Todas las personas se inclinarán de una forma natural por aquello que escasea o se anuncia como limitado, ejemplo, en una ocasión una Aerolínea Internacional anunció que reduciría la frecuencia de la ruta que volaba de Londres a Nueva York y esto en automático generó que al día siguiente la venta de boletos para esta ruta se disparó como no lo había hecho en mucho tiempo, en otras palabras, eso es lo que conocemos como la ley de la oferta y la demanda, a mayoría de alguna, el incremento de la otra es exponencial.

La escasez, este es un principio sobre el cual se basa el arte de la persuasión y muestra lo mucho que una persona llega a agregar valor a un producto o un servicio cuando este es escaso, es el principio base de las ofertas con corta vigencia, o con poca existencia, siendo el tema de algunos productos exclusivo y únicos, esto sucede con las *"Ediciones Limitadas",* impulsando e incrementado por el mismo sentido de pertenencia.

- Añade instantáneamente más valor al producto.
- Genera automáticamente una mayor demanda social.
- Estimula las ventas de forma más rápida.

La escasez, como decía *Robert Cialdini* en su libro está muy relacionada con la libertad, pues estamos tan acostumbrados a conseguir cualquier tipo de producto o servicio, en el momento que queremos y cuando lo queremos, que cuando vemos la posibilidad de perder esa oportunidad, esa decisión propia, esa oferta reaccionaremos de inmediato y lo compramos.

Esto es una reacción natural, porque queremos sentirnos libres en nuestra decisión y nuestra reacción es mayor al ver una oferta limitada, que nos cortará de cierto modo nuestras alas y no nos dejará volar a nuestras anchas, por decirlo de esta forma, lo que en una negociación funciona de igual forma, pudiendo por ejemplo argumentar producto limitado para su entrega en corto tiempo, y esperar demás para nueva producción, o cuando argumentamos tener lista de espera para abasto, y condiciones especiales para dar concesión especial en trato a cambio de otro beneficio, créelo, son argumentos que a pesar de que son conocidos y utilizados por muchos negociadores, no pierden su importancia ni fuerza, pues quien conoce esta información tiene el poder de negociar con ventaja.

Por otro lado, nos encanta *"Procrastinar"* o lo que es lo mismo, *"Postergar"*, si no dijeran que el producto en cuestión es una edición limitada y estará únicamente durante cinco días, o que el abasto esta sujeto a solo existencias, o que en breve se tendrá algún incremento de precio por materia prima, etc., probablemente no lo comprarías, y es por esa razón que el *Principio de Escasez*, junto con el sentido de urgencia, forman una muy buena pareja, para evitar posponer la decisión de compra.

Principio de Autoridad

Todos y cada uno de nosotros, llegamos a confiar de forma consciente o inconscientemente, lo cierto es que el ser humano se fía más de las personas que presentan más experiencia y cierta veteranía en algún tema, así, los clientes de un contador o ingeniero serán mucho más receptivos si pueden ver los diplomas y títulos que acrediten la trayectoria profesional de quien les atiende, a la hora de negociar, es muy válido el poner sobre la mesa algún o alguno de los acuerdos anteriores que hemos logrado con éxito; y en el caso de tratarse de una relación comercial a largo plazo este proceso será mucho más fácil, ese es el poder de la credibilidad y puede jugar mucho a nuestro favor.

Por lo que todos nuestros argumentos pueden estar apoyados o referenciados a algún personaje importante o se puede presentar como si fueran derivados de alguna institución, por ejemplo, el uso de uniforme o de alguna identificación o marca reconocida, acentuará el valor de la persuasión a nuestro favor.
Entonces, es necesario considerar que antes de intentar influir en una persona, debes mandar señales claras que te posicionen como una autoridad conocida en el tema o producto que representas o del que se establecerá la negociación.

Y un valioso *tip* y herramienta muy importante, esa autoridad puede venir de referencia de una tercera persona, quien a modo de introducción nos presentará como expertos en el tema o en producto, aunque dicha persona se encuentre relacionada con nosotros, dará la entrada a crear el vínculo adecuado.

El profesor *Robert Cialdini* nombra muchos de sus experimentos que validan de forma científica que la gente acude en búsqueda de algún experto en caso de necesidad y que, cuando alguien es percibido con esta autoridad y es quien propone, es mucho más probable que se obedezca o lleve a cabo, a que cuando lo dice alguien sin esta percepción de dicha autoridad.

Entonces centrémonos en la parte interesante, es que...

"Si somos percibidos como una autoridad en lo que hacemos, obtener el SI en la venta o la negociación, es mucho más fácil, obteniendo así la persuasión necesaria y un resultado favorable".

Ahora vamos a ver algo que no es común que se comente sobre la autoridad, personalmente me considero un estudiante eterno y me sorprendo cada vez que avanzo y encuentro más información de lo que me queda aún por aprender, cuando me veo inmerso en saber más o aplicarlo en algún tema, pero la realidad es que he visto a muchas *"Autoridades"* en tema de los negocios y con quienes he tratado, que no presentan tener ni la más mínima idea de lo que están diciendo.

Es más, me ha tocado escuchar y estar presente cuando se han dicho verdaderas tonterías y falsedades de las bocas de quienes supuestamente son ilustres en el asunto que se está tratando, y por su puesto yo no he estado exento de esta situación, en mis inicios y con anterioridad seguramente he estado en la misma situación y habré dicho una que otra.

En fin, para el caso es que debemos asegurarnos de que a esto ya no suceda, y he aquí el me hoyo de todo el asunto:

"La Autoridad no es algo real, es percibido".

Entonces veamos de forma puntual qué es ser realmente una autoridad, en lo personal, lo eres en algún tema cuando sabes o conoces más de ese tema que la gran mayoría de la gente que se dedica a ello o al menos de la persona que tienes enfrente, y puedes haber adquirido ese conocimiento por aprendizaje o por experiencia.

Ahora bien, seamos prácticos y por ejemplo el tema que estamos viendo ahora, la *Persuasión*, con lo que aquí hemos leído, conoces ya sobre persuasión mucho más que el 99,9% de la gente que se cruce en tu camino el día de hoy y por consiguiente también sobre muchos *"expertos"* en el tema, ahora con estas bases y los fundamentos que te he compartido de *Robert Cialdini*, ya te coloca como una autoridad, pues conoces más y puedes transmitirlo a quienes no tienen este conocimiento, ves? para ellos serás autoridad, por lo que avanzaste con esto más que lo que muchos quisieran hacerlo.

De hecho, por estar leyendo esto, estoy seguro de que eres alguien que desea aprender y que tiene inquietud por cosas que le interesan, que eres asiduo a libros y a tu propia formación.

Principio de Simpatía

Será mucho más fácil lograr un acuerdo o negociación exitosa si previamente conseguimos generar empatía y confianza, la mejor forma de hacerlo es establecer algún tipo de vínculo, preguntar por posibles preocupaciones en común, compartir información general, preocuparse por la otra parte, elogiar y halagar a nuestro interlocutor, etc.

El principio de Simpatía afirma que la gente prefiere decir "SI" a aquellos por los que sienten simpatía o alguna sensación empática y en el mundo de lo negocios y empresas está claro que preferimos, aunque sea nivel inconsciente, hacer negocios exitosos, llegar a acuerdos o trabajar juntos, con aquellos que nos "caen" bien y son afines o agradables a nosotros mismo o nuestros intereses.

Robert Cialdini afirma que hay ciertos factores o rasgos que son los que hacen que nos identifiquemos con alguien afín a nosotros:

- Que son similares a nosotros.
- Que nos halagan, elogian, felicitan y reconocen.
- Que cooperan con nosotros para llegar a objetivos.

Establecer este tipo de relación cercana contigo lector, usuario, visitante, conocer tus gustos, encontrar que aficiones se comparten, cosas que se tienen en común, todo esto hace que se genere empatía o simpatía, confianza y aumentará por mucho las probabilidades de llegar a acuerdos de venta y negociación con éxito.

Este principio también nos señala algo que a primera vista puede parecer simple: estamos más predispuestos a dejarnos influir por personas que nos agradan, y menos por personas que nos producen rechazo, de acuerdo al *"Efecto halo"*, a las personas que físicamente nos parecen atractivas se les suelen atribuir de forma inconsciente otros valores positivos, como la honestidad, la transparencia y el éxito, pero debemos entender que la simpatía no necesariamente está vinculada a la belleza, puede darse por amistad o familiaridad, y es cuando uno se siente identificado con la otra persona y que es afín a uno mismo.

Vemos esto muy marcado en la publicidad, pues la utilización de bellas modelos enmarcando o usando algún producto, así como también de celebridades que gozan de la aceptación y la simpatía de determinado público, en la política suele recurrirse al principio de simpatía cuando se intenta reforzar la idea de que el candidato es una persona común y corriente, preocupada por los mismos problemas que a uno le afectan y se busca la identificación basada en situaciones cotidianas, aunque esto solo sea en acción de campaña, les suena conocido?

Principio de Coherencia

Ahora, tenemos un principio más que a mi parecer es el complemento ideal para una Negociación o Persuasión exitosa y efectiva, la *Coherencia*, es de forma inconsciente, que las personas tratamos de mostrarnos coherentes o congruentes con nuestros comportamientos, de no llevar esto a cabo, la percepción que se proyectará será de debilidad e incluso de poco conocimiento o experiencia y por consiguiente afectará la situación, pues en el momento de negociar existe una cierta "presión" de comportarse de acuerdo a los compromisos logrados previamente y restando importancia a los que se exigen después, lo que no permitirá avanzar si algún compromiso o acuerdo es desacreditado, debemos de dar la misma importancia al primer acuerdo logrado, como al último por cerrar, de esta forma el interés y la validez de lo presentado y ofertado enriquecerá toda la negociación hasta el final.

Entendamos entonces que la *Coherencia* es una cualidad que es asociada a las personas con una gran personalidad, estables y con análisis racional, a una persona que proyecta ser poco *coherente* se le atribuirá una personalidad débil, por lo que, necesitamos parecer coherentes ante los demás y principalmente ante nosotros mismos. Es fundamental que sepamos y estemos consientes de que nuestra conducta comprometerá nuestros actos y afectará nuestros hechos, y que nos obliga a actuar en la misma línea para ser congruentes con lo dicho, presentado y negociado.

Este principio hace referencia al hecho de que las personas estarán mucho más dispuestas a aceptar algo si la propuesta corresponde con las afirmaciones que se han presentado frente a la persona que se les ofrece, lo que significa que tendremos que mostrar conductas coherentes con nuestros comportamientos previos, incluso cuando estos no fueron previstos.

En la práctica podemos ver este principio aplicado de diferentes formas, por ejemplo, cuando expresamos algo de forma escrita podemos estar comprometiéndonos más de lo que creemos y debemos ser coherentes con este compromiso y, en el momento en que firmamos algún documento, aunque solo sea un presupuesto, estamos comprometiendo el respeto a lo ofertado y al cumplimiento de este acuerdo, incluso aunque sepamos que no es la mejor opción, pero nuestro principio de coherencia deberá estar presente.

06 Aprendiendo a Negociar.

"Jamás negociemos con miedo, pero jamás temamos negociar."

John F. Kennedy.

Cualidad humana imprescindible es la de saber negociar, esta cualidad es utilizada para trabajar, conquistar, organizarse con amigos, inclusive para elegir la película que veremos este fin de semana en casa con la familia como lo hemos dicho antes.

El principio básico de negociación, *Estrategia* para encontrar la forma o camino en que ambas partes satisfagan sus intereses mientras enriquecen y mantienen una relación cordial, una buena negociación significa que ninguna de las partes involucradas se sentirá engañada, manipulada o pensará que se han aprovechado de las circunstancias.

En ocasiones el objetivo de una negociación no es conseguir todo lo que quieres, del cómo te vas a comunicar e interactuar con la otra parte a modo que se establezca una igualdad, será el resultado de una excelente relación fortalecida e igualitaria donde ambas partes ganan en el momento y a futuro.

Ya he mencionado algunas bases para comenzar una negociación, la *Preparación*, *Evaluación*, *Información* y la *Persuación*, pero algo que también debemos tener claro es que es una *Comunicación* entre dos personas o partes, según las situación, la base de toda comunicación es el objetivo de comprensión, en este caso entre ambas partes, por lo que la otra persona no es un contrincante a vencer, si no alguien a quien se deberá conocer más allá de los negocios, será con quien debamos interactuar en forma cooperativa, de esta forma podremos llegar a un acuerdo concensuado y obteniendo beneficios para ambas partes.

Comunicación en la que ambas partes deberán tener en cuenta al otro, no verlo como la forma de sacar un beneficio, si no con quien establecer una relación de verdad y a largo plazo, pues puede que sea nuestro cliente o que nosotros seamos los clientes.

Debemos conocer y comprender a la otra parte, entender su posición y respetarla, esto nos hara tener la negociación como una oportunidad y no como un momento difícil que hay que atravesar para conseguir algún beneficio propio.

Podemos decir entonces, que una negociación es como una interacción cooperativa en una relación competitiva, esto se puede interpretar como que una de las partes ganará mientras que la otra perderá, en cambio, al interpretar el proceso como una relación de cooperación, aseguramos que el resultado final será que no hay un ganador y un perdedor, sino dos ganadores, al fin y al cabo, ambas partes tienen un objetivo común, el de llegar a un acuerdo y no perdiendo, sino *"cediendo"* en algun momento y solo acambio de algo que se gane.

Aún así, el hecho de compartir un objetivo, no implica que cada una de las partes pueda tener resultados diferentes, nos econtraremos muy a menudo en situación donde si cooperamos con la otra parte, quizás no consigamos nuestro máximo objetivo, pero esto nos dará una resolución muy aceptable, dando la seguridad de ganar con menos riesgo, tanto a nosotros como a la otra parte, por lo que debemos buscar la solución en la que cooperando ambas partes ganen.

Un Negociador, que conoce las bases y fundamentos para negociar, sabe utilizar al momento y desarrollarse a través de diferentes técnicas que implican una negociación, buscando el conseguir resultados satisfactorios, pero su objetivo no solo es conseguir dominar este proceso, sino además hacerlo de forma que la relación a futuro con la otra parte sea fortalecida.

Luego entonces, más allá de la teoría y la práctica, para establecer relaciones duraderas y a largo plazo, además de buenos resultados, serán necesarias algunas características personales, ya mencioné algunos *Principios*, que aplican en la circunstancia y la actitud, sin embargo ahora mencionaré algunas habilidades de la persona, de ti como negociador.

Habrá quien las tenga de forma natural, y quien las aprenda y desarrolle, pero durante su proceso se fortalecerá a si mismo incrementando su propia seguridad.

Paciencia

Una negociación lleva tiempo en su mismo proceso, no nos deberemos quedar o aceptar la primera alternativa, solo por que tengamos poco tiempo o por la presión de la otra parte, si nos apresuramos cometeremos errores de los que podremos arrepentirnos.

Es importante como lo había mencionado recabar toda la *Información* posible y analisar la misma antes de tomar una decisión.

En este caso la *Paciencia* es la habilidad que nos ayudará a que ambas partes podamos revisar y resolver los conflictos que puedan presentarse y que podrían entorpecer o frenar la negociación.

Dentro de lo todo lo posible es necesario darnos cuenta y conocer el ritmo de la otra parte, y adaptarse a este, evitando presionarle más de la cuenta ya que se podría poner a la defensiva y no avanzaríamos al crear esta barrera, lo que provocaría una actitud y propuestas más a su favor.

Sin embargo, en cualquier momento pueden presentarse obstáculos y parecerá que desvian y borran todo lo avanzado, puede dar la impresión de que no se progresa, de que será imposible llegar a un acuerdo, y frente a estas dificultades la *Paciencia* se convierte en una gran virtud y a nuestro favor, el saber esperar, el dejar que las cosas avancen y analizar de forma minuciosa todo el argumento, hará que de buenas a primeras, cuando ya se perfilaba la negociación por perdida, surja el acuerdo con la propuesta correcta.

Persistencia

Esta es una habilidad muy relacionada con la *Paciencia*, digamos que irá de la mano, la *Persistencia* nos ayuda a no perder de vista nuestro objetivo, y seguir en la dirección correcta detectando cada avance en la dirección adecuada, esto no significa que nos conformemos solamente con el resultado obtenido y que no estemos dispuestos a re-negociar por nuestra parte, pero si nos ayudará para no perder el rumbo hacia lo que queremos conseguir y esto aún a la presión o manipulación que podamos recibir de la otra parte, el ser *Coherentes* y *Persistentes* en nuestra meta, esto impulsará a nuevos argumentos y a seguir negociando.

Ante la presencia de un determinado obstáculo o negativa, como negociador no debes contemplarlo como derrota, pues reaccionar de manera negativa no te llevará a ningún lado, hay que ser *Persistentes* y no caer en la apatía ni la desesperanza, más bien, se debe aprovechar la experiencia adquirida de la misma falla, para que no vuelvas a incurrir en ella.

Esta habilidad será la que provoque el mantenerse en el rumbo, concentrándose en el objetivo con determinación y decisión, si somos *presistentes*, *coherentes* y *pacientes* es por que creemos en que se alcanzará el éxito.

Además, debemos siempre tener una mentalidad positiva, comportándonos con *Simpatía*, demostrando *Autoridad* en nuestros argumentos y confiando en nuestra *Información*, pues nuestro estado de ánimo repercute directamente en el desempeño que se tenga negociando, la perseverancia necesita del optimismo y de la creencia absoluta en nuestros objetivos y de que vamos en el camino correcto hacia nuestro obejtivo.

Escucha activa

Ya habia mencionado el tema de la importancia de la *Información*, del como podemos obtenerla y como podemos utilizarla a nuestro favor, y esto es *Escuchando* a la otra parte negociadora, pero de forma *Activa*.

La *Escucha Activa* es clave en cualquier tipo de comunicación y, en una negociación esto es importante y de relevancia, es ahí donde nos interesa recabar toda la *Información* posible de la otra persona y sus intereses.

Significa que no solo escuchamos esperando responder, si no que debemos hacerlo con el objetivo de realmente entender al otro y extraer *Información*, de forma que tengamos herramientas para argumentar y proponer alternativas que se adapten a sus intereses, sería imposible lograr a un acuerdo favorable para ambas partes, si no logran comprenderse en las propuestas y necesidades de cada una.

La *Escucha Activa* te permitirá, establecer esa conexión con la otra parte, dándote ventaja en conseguir el resultado de una negociación exitosa, logrando estimular nuestra receptividad, capacidad de observación y análisis, por ende la recompensa final bien merece la pena, no crees?

Flexibilidad

Quiero mecnionar por último la habilidad de *Flexibilidad*, no restando importancia a las anteriores, esta también es una de las claves para negociar, pues es el saber adaptarse constantemente a la otra parte y a sus demandas o solicitudes propuestas, así como a sus argumentos y objeciones.

Debemos llevar nuestra *Preparación* como estrategia, que nuestros límites que estén bien definidos y toda la *Información* posible sobre lo que la otra persona puede o desea plantear, pero aun así, saber y estar conscientes de que surgirán situaciones que no fueron previstas y las mismas que tendremos que enfrentar de una manera creativa y con beneficios para ambos.

Un Negociador profesional y efectivo mostrará *Flexibilidad* proponiendo propuestas creativas a los argumentos que va realizando la otra parte negociadora; deberán ser alternativas, que además, de ser útiles para ambas partes, supondrán el mínimo costo posible.

Entre las principales habilidades podemos decir que esta se convierte en una virtud, y es una característica como ya hemos mencionado de un buen negociador pues las situaciones no previstas estarán a la órden del día, y saber lidiar y resolver al momento, fortalecerán la comunicación, dejándola avanzar en el sentido que ambas partes tienen previstas.

La flexibilidad define su capacidad de maniobra, el saber ajustarse a cada situación concreta, a su habilidad para encontrar soluciones alternativas, para encontrar puntos de acuerdo allí donde aparentemente no los hay o no estaban contemplados.

Hemos comentado la importancia que tiene la *Preparación* antes de sentarse a negociar, es donde hay que definir los objetivos, la estrategia, los argumentos, etc; sin embargo no obstante, por mucho que se haya podido preveer el desarrollo de las negociaciones, la realidad puede ser distinta, pudiendo tomar la negociación un rumbo completamente diferente.

Esto exigirá de cada uno mantener una mente abierta, dispuesta a reaccionar ante los acontecimientos, ante la nueva información y ante los nuevos planteamientos, ser *Flexible* en la toma de decisión.

07 Conociendo los Tipos de Negociaciones.

"Por esto, cuando ha logrado una victoria, no repita la misma táctica, sino que, respondiendo a las circunstancias, modifique sus métodos hasta el infinito."

Sun Tzu.

La negociación como hemos visto es un proceso de interacción y comunicación entre dos o más partes con el objetivo de llegar a un acuerdo, este acuerdo supone la solución a un conflicto o la mejora de un problema o de su gestión, es importante mencionar que *si una de las partes no está interesada en llegar a un acuerdo no se produce la negociación*.

Anteriormente hablamos de las principales características de un buen negociador, pero también están la capacidad de adaptación y el discernimiento para hacer la lectura correcta de la situación que se presenta, para llegar a este nivel, es preciso conocer los diferentes tipos de negociación, acumulando recursos e información que nos permitan tomar la decisión correcta cuando la oportunidad se presente.

Te puedo decir con seguridad que No existe un estándar de negociación, ya que no es conveniente siempre utilizar el mismo estilo de negociación, cada cliente, vendedor, empleado o persona con la que negocíes será diferente, por lo que tratar a todos por igual sería un grave error.

Para ir del mundo corporativo a las relaciones familiares, el poder de argumentación es importante en el día a día, pues por medio de este, consigues cerrar o firmar acuerdos, ya sea un contrato lucrativo para la empresa o una posición favorable en la casa para ver una película en lugar de lavar los platos ¿te hes familiar?

Como hemos mencionado, la negociación es un proceso dinámico e imprevisible, en el cual hay que conciliar diferencias mediante un diálogo con el fin de llegar a un acuerdo satisfactorio, en el ámbito empresarial, la negociación constituye una herramienta de gran valor que permite progresar comercialmente y en suma, mejorar nuestra posibilidad de éxito en el negocio.

El conocer los distintos tipos de negociación es importante para encontrar el modo óptimo de negociar, optando por aquel o aquellos estilos que mejor se adapten a cada circunstancia, en función de cual sea nuestro objetivo como negociador elegiremos una u otra estrategia de negociación, de hecho, ya sabemos que el negociador ideal es capaz de adaptarse a las distintas circunstancias, y precisamente por ello es clave ser *Flexibles* y utilizar los distintos tipos de negociación como un eficaz instrumento.

Arrancaré con los 2 tipos más comunes de Negciación, estos son los básicos, y hay algunos más que los complementan, sin embargo en la generalidad estos son los presentes en el día a día:

Negociación integrativa

También conocida como *negociación principista*, cooperativa o ganar-ganar, es un tipo o estilo de negociación en donde las partes cooperan para lograr un resultado satisfactorio para ambas.

Este tipo de negociación, en lugar de tomar la problemática de un modo competitivo, las partes adoptan una actitud orientada a resolver el problema y a buscar un resultado favorable para ambas, de ahí que el objetivo sea el de crear tanto valor, como sea posible para uno mismo y para la otra parte, por ejemplo, un intercambio de valores, en donde cada parte hace aportación o renuncia a algo de poco valor, a cambio de algo que si valora.

La negociación integrativa suele darse en negociaciones en donde existen varias cosas por negociar, por ejemplo, en la creación de una sociedad en donde cada socio puede aportar recursos diferentes, pero complementarios a los de los demás socios.

Para esta negociación la mejor estrategia es orientarse en crear el mayor valor posible para ambas partes; por tanto, las estrategias de una negociación integrativa básicamente consiste en enviar un mensaje desde el inicio sobre la intención de cooperar, mensaje claro para resolver el problema, de ser flexibles; por ejemplo, al hacerle saber que ambos enfrentamos al mismo problema, al mostrar preocupación por sus intereses y mostrar tener disposición al diálogo.

Procurar una comunicación fluida y mantener abiertos los canales de comunicación, y que sea a través de las diferencias, ya sea en necesidades, preferencias, gustos, valores, intereses, recursos, habilidades, etc; que se puede crear valor, por ejemplo, al identificar algo que no sea tan valioso para uno, pero para la otra parte sí, e intercambiarlo por algo que para la otra parte no sea tan valioso, pero para uno sí.

Veamos, ahora a dos coleccionistas de libros raros, estos empiezan una negociación, uno de ellos está interesado en comprar un libro de Filosofía, y durante la negociación el otro menciona que está buscando un libro de Psiquiatría y da la casualidad que el primero lo tiene y que está dispuesto a desprenderse de él, al final el segundo le vende el primero el libro de Filosofía a cambio de unos cuantos pesos más el libro de Psiquiatría, así terminan ambas partes satisfechas, pues los libros intercambiados tenían un valor moderado para su dueño original, pero ahora tienen un valor excepcional para su nuevo dueño.

Negociación distributiva

También conocida como *negociación posicional, negociación de suma cero, negociación competitiva, o negociación ganar-perder*, es un tipo de negociación en donde las partes compiten por la distribución de una cantidad fija de valor.

Al final de esta negociación, lo que una parte ha ganado la otra lo ha perdido, los puntos al final siguen sumando cero ya que previamente no se ha creado valor, a diferencia de lo que sucede en una negociación integrativa.

La negociación distributiva es común encontrarla en negociaciones basadas en compraventa de productos en donde lo único que importa es el precio, por ejemplo, en la compraventa de una automóvil o de un bien inmueble, el negociador distributivo suele ser una persona agresiva, desconsiderada, terca, astuta, mentirosa, egocéntrica y sobre todo manipulador.

Esta negociación está básicamente dada por las alternativas que uno tiene a una negociación; hoy en día los compradores en general tienen más poder que los vendedores, pues tienen más alternativas para elegir un producto, en una negociación distributiva lo importante no es lo que uno tiene, sino lo que la otra parte piensa que tenemos.

La estrategia de esta negociación se debe orientar a moldear la percepción de la otra parte sobre los límites del posible acuerdo, buscando que modifique su punto de reserva haciéndolo retroceder, y que piense que el nuestro está más cerca del suyo de lo que realmente está, así de ese modo, una vez establecida la nueva percepción de la otra parte con respecto a los límites de la zona de posible acuerdo, sera más fácil influir en su percepción de la solución, y lograr el objetivo final, que es el de que el acuerdo termine cerca de su punto de reserva o, de ser posible, en él mismo punto que él propone.

Por ejemplo para este tipo de negociación se deberá establecer una oferta elevada y así lograr que la otra parte *"ancle"* su percepción sobre el rango de posible acuerdo, hagamos demandas excesivas, algunas de las cuales podrían ser irrelevantes y tendrían como único objetivo el de ser intercambiadas por concesiones y de ahí hacer miniconcesiones con la finalidad de dar la impresión de estar cediendo bastante, necesitaremos también establecer límites con el fin de convencer a la otra parte de que no cederemos más, por ejemplo, *"nos es imposible aceptar, implicaría un aumento del 10% de nuestros costos",* etc.

Este tipo de negociación se puede presentar cuando la otra parte tiene establecido un punto de inflexión para ganar las negociaciones, situación que se presenta ante la baja oferta y alta demanda de algún producto o servicio, o cuando tu prodcuto es exclusivo y no hay competencia o parece no haberla, no se parece algo a lo que Apple hoy por hoy tiene como base?

Acabamos de ver los 2 más comunes tipos de negociación, uno favorable y sencillo, y otro no tanto, pero que sin embargo sacará lo mejor de nosotros al momento de negociar.

Estos no son los únicos, pues ya había dicho que hay tipos complementarios de negociación, también identificados como estilos de negociación, estos se presentan de forma adicional y como base en los 2 anteriores, pero depués de haber iniciado con alguna de las anteriores, siempre en la planificación hay tener en cuenta aspectos claves, como la personalidad de la otra parte o el factor tiempo, según cual sea el objetivo del negociador podemos optar por los siguientes tipos y estrategias de negociación:

- Negociación Acomodativa.
- Negociación Competitiva.
- Negociación Colaborativa.
- Negociación Distributiva.
- Negociación por compromiso.
- Negociación Evitativa.

Negociación Acomodativa

Es donde una de las partes decide aceptar la posición de perdedor, ya sea de forma absoluta o parcial, esto como estrategia para tomar posiciones y establecer una relación que ofrezca beneficios en el futuro, una de las partes muestra una conducta sumisa con el objetivo de desarrollar la relación con la otra parte, teniendo en cuenta que los resultados a corto plazo no serán los mejores, aquí como negociador estratégicamente se optará por ceder a corto plazo para conseguir mejores resultados en el largo plazo.

Aceptar las propuestas de la otra parte e inclusive pérdidas para lograr el acuerdo, esto implica una actitud de perder/ganar, pierde un negociador y gana su oponente, se debe tener presente que es imposible adoptar permanentemente el *estilo acomodativo* ya que cediendo en todas las circunstancias mostrará una imagen de debilidad muy difícil de desprenderse de ella en el futuro, es recomendable desarrollar un estilo de negociación acomodativa cuando se opta por invertir en el largo plazo en una relación comercial rentable.

Negociación Competitiva

Aquí el resultado es prioridad, los adversarios compiten buscando ganar en situaciones muy competitivas que suponen que el oponente ceda posición o benefcios, esta es aquella en la cual una parte muestra una conducta agresiva con el objetivo de intentar conseguir la mayor parte del pastel de la negociación, esto le obligará a obtener los mejores resultados sin tener en cuenta la relación con el oponente, se considera a la otra parte como un enemigo, puede llegar a utilizar amenazas y difícilmente modifica su posición y se aferra a su postura, esta es una situación de ganar/perder y gana el negociador y pierde el adversario, este estilo de presenta donde el precio es el único elemento importante.

Situación típica que encontramos cuando vamos a comprar algo en un mercado o bazar, donde lo que predomina es el regateo y la comparación con lo que vimos en otro puesto o local, y sucede cuando vemos un artículo que nos interesa, regateamos algo, nos parece que obtenemos el mejor precio posible y cuando lo compramos, más adelante encontramos el mismo artículo a la mitad del precio que habíamos pagado, sin embargo, a nadie se le ocurre una negociación en una tienda departamental, o si? ahí el precio está establecido en una etiqueta y con un código de barras, es decir, le han dado *legitimidad*, y es uno de los factores que otorga poder en una negociación.

Negociación Colaborativa

Este estilo es totalmente opuesta al Competitivo, su objetivo es mejorar las condiciones del otro para que ambos salgan ganando en la medida de lo posible, más que un acuerdo individual se busca establecer una relación a largo plazo, para llegar a ser muy productivo, aquí ambas pates demuestran una conducta asertiva con el objetivo de ampliar su participación en la negociación y conseguir beneficios mutuos.

Las partes ceden conscientemente y no ante presiones, esta se centra en los intereses, no en las posiciones, nos encontramos ante una situación de ganar/ganar, este estilo se utiliza en negociaciones internas dentro de una organización para evitar los conflictos, cuando se quiere desarrollar relaciones a largo plazo y obtener los mejores resultados para todos a futuro y cuando las dos partes comparten objetivos comunes.

Negociación Compromiso

Significa llegar a un acuerdo superficialmente, suficiente como para que lo pactado sirva para el logro de los objetivos, aunque no sea de forma completa, la rapidez es un factor decisivo que explica su elección en determinadas circunstancias que no aconsejan otro tipo de reacción, llegar a arreglos prácticos fundados en la conciliación entre dos puntos de vista diferentes, cada uno ha puesto algo, sin perderlo todo, pero sabiendo contribuir en lo necesario a la solución común. El resultado es valido, sin más.

Durante la negociación, cada uno trata de medir en el otro, lo que es posible conseguir y lo que es ilusorio querer llevarse, sabrás que es inútil querer forzar al otro y que es mejor contentarse con lo posible, es necesario ser modesto, más realista, tener el enfoque a través de la conciliación es uno de los métodos más practicados, aunque a menudo cae en compromisos ineficaces entre empresas y sindicatos.

Negociación Evitativa

Por último, esta es cuando se entiende que la negociación va a resultar contraproducente para una o ambas partes, que los posibles beneficios no compensan los problemas o perjuicios de cualquier tipo que podría conllevar llevarla a cabo, encontrar este tipo de negociación y llevarla acabo, puede resultar arriesgado y más aún cuando ambas partes no están de acuerdo con su conveniencia, podemos determinar que la solución puede llegar sola simplemente posponiéndola.

Programarla para más adelante podría cambiar el escenario y resultar conveniente, aunque este tipo de detalles no siempre se comparten con la otra parte, esta es aquella negociación en la cual el negociador no quiere negociar ya que el resultado de la negociación conllevará al deterioro de la relación y resultados negativos en una negociación perder/perder, donde perderán ambas partes de llevarla acabo.

Y concluyendo entonces, en una negociación debemos utilizar nuestro propio estilo, tratar de no imitar a nadie, ni llamar la atención demasiado, sabemos que en toda negociación, existe tensión, y debemos aprender a manejarla, debemos aprender a confiar en nosotros mismos, a tener fe y a aprender a manejar conflictos de la mejor manera.

El prepararla con suficiente anticipación, conociendo que roll nos tocará jugar y conocer cuales son nuestros objetivos y alternativas, basándonos en captar la mayor cantidad de información posible de nuestra parte y si es posible de la otra, ya que es una forma de tener a nuestro favor un conocimiento que será vital, esto permitirá que destaquemos la creación de nuestro propio estilo de negociar, y nos sintamos cómodos desarrollandonos con él.

08 Estrategias para Negociadores.

"La negociación tiene algo de arte y de ciencia, de habilidad y análisis, de inspiración y razonamiento, como todo en la vida."

Alfred Font Barrot.

En esta etapa de la lectura haré alusión a lo que yo digo que son bases de un negociador para desarrollar, haré referencia al libro del escritor *Alfred Font Barrot*, abogado, Profesor asociado de negociación en el departamento de Derecho de la Universidad Pompeu Fabra de Barcelona, Director del posgrado de Negociación Estratégica del IDEC, autor de libros como *"Prácticas de Introducción al Derecho"*, *"Curso de Negociación Estratégica"*, *"Negociar con arte"* y de *"Las 12 Leyes de la Negociación"*, este último muy recomendable, pues en lo personal, me dejó mucho aprendizaje, pues el autor se apoya con ejemplos directos sobre cada uno de los temas que en él se abordan y sobre el conocimiento de los aspectos que componen las partes en su argumentación.

Como en alguna ocasión lo hemos escuchado y lo mismo dicen varios expertos, *"La Negociación es un Arte"* y con *Alfred Font* en su libro *"Las 12 leyes de la negociación"* encontré algunos cómos y porqués de diferentes situaciones y ejemplos que el escritor desarrolla dentro de la misma negociación, trataré transmitir lo que propone *Alfred Font* en base a mi experiencia personal:

Alfred Font arranca en su libro con un tema que me parce muy adecuado para cualquier persona que inicia en el mundo de las negociaciones, y el de **"Ser inteligente es mejor que ser agresivo o complaciente"**, esto es básico en una negociación.

Sabemos que en el día a día negociamos, por lo que podemos decir que es un proceso natural, este deberá estar regido en todo momento por un factor clave, la <u>INTELIGENCIA</u>, por lo que entonces no debe ser algo precipitado y ni tampoco forzado.

Las decisiones son tomadas en base a las circunstancias, lo que en ocasiones no nos prmite *"ponernos de acuerdo"* de forma anticipada, esto aplica en lo personal y en lo profesional, y darle gusto a todo mundo, tampoco debe ser nuestro objetivo, exite una frase común, y que considero no es cierta, *" lo que uno gana el otro tendrá que perderlo"*, conocer esto y saberlo de forma consciente, nos permitrá desarrollarnos durante todo el proceso de negociación y dirigirnos hacia acuerdos de Ganar-Ganar.

No deberíamos considerar solamente las posiciones de los involucrados en negociar sino también lo que hay detrás, como los intereses, la resolución de conflictos, buscar llegar a un concenso, desarrollarnos en una Negociación inteligente significará *"Obtener resultados positivos en situaciones críticas y cambiantes"*, algo difícil en todo momento será llegar a un mutuo acuerdo con las demás personas, todos tenemos diferentes maneras de pensar; en vez de tratar de imponer una idea siempre será más inteligente *negociar* buscando el interés común y construyendo relaciones a futuro, que convertir el proceso en una competencia.

Tenemos que ser capaces de trabajar en conjunto para satisfacer los intereses de ambas partes, encontrar soluciones para ambos donde se gane la confianza, y trabajar en un esquema de beneficios mutuos, y ahí el otro tema de *Alfred Font* en su libro…

"Un buen aterrizaje empieza por una buena aproximación".
Como interpretar esto, pues tanto en nuestras vidas, así como en la negociación, siempre debemos procurar una *"aproximación"* correcta, es decir un acercamiento que nos permita ver en su totalidad el terreno al que vamos, como cuando se pide un apoyo a un banco, cuando se presenta un proyecto o simple, como cuando se pide un favor, evaluamos que pasa con el SI y que con el NO.

Si, siempre deberemos de considerarque puede existir un "NO" como respuesta, ahora ¿cómo enfrentarlo?, ¿cómo dar confianza y seguridad a las personas que queremos acercarnos?

Una *"aproximación"* por mencionarlo de esta forma, es importante cuando queremos conocer las necesidades, pueden ser económicas, familiares, de salud, etc; y el satisfacerlas, luego entonces, podemos decir que una aproximación será la forma de conocer los puntos clave y de desarrollar las alternativas para resolverlas, siempre en este previo acercamiento o conocimiento.

Pues bien, con las negociaciones pasa lo mismo: usted debe tener la mayor cantidad de información, evitar la improvisación y conocer los parámetros que debe controlar en el trayecto de las mismas, ya habíamos mencionado el tema de la *Preparación* y la *Información* y vemos otra ves, que estas son fundamentales, digamos que no es el qué resolveremos, sino el cómo lo resoveremos, y esto será através del conocimiento que obtengamos de la otra parte y la preparación de nuestro plan de negociación.

Alfred Font, después de desarrollar los temas de arranque con la Información y el desarrollo del campo de negociación, menciona el siguente argumento, ya entrado en la negociación misma, y nos dice **"O eres estratega o eres ingenuo"**, esto hace alusión a la forma de como te proyectarás durante la negociación misma, pues serán tus argumentos lo que representarán a tu persona.

En las negociaciones es necesario desarrollar en función a la *Información* obtenida y dentro de la *Preparación*, la estrategia, y para un *Estratega* las emociones desempeñan un papel crucial, este puede ser positivo o negativo y estar conscientes que estas señalarán lo que uno siente, lo que uno piensa y proyectaremos esto a la otra parte negociadora, recuerda a un jugador de Pocker, debe ser *"inmutable"*, no demostrar que tiene la partida para ganar o para perder, todo lo debe enfocar en NO revelar a sus contrincantes su próximo movimiento, pues se delatará a si mismo.

Aquí *Alfred Font* toca el tema de la importancia de entablar lazos de confianza, esto con la otra parte negociadora romperá barreras y dará como resultado un ambiente cómodo en el que resulte muy sencillo crear enlaces de negocio, esto te dará *"espacio"* pues en situaciones de confianza la situación es más relajada, y no habrá por que generar presión o ser precipitado, el lograr tener el suficiente espacio para poder tener la capacidad de actuar, te permite reconocer sus habilidades y leer la estructura en la negociación, así como la capacidad de anticipación de tu contraparte.

El autor menciona en su libro que **"Todo conflicto es gestionable pero no siempre es negociable"**, podemos decir que de todos los tipos de conflictos, lo que mejor se puede gestionar o manejar son los intereses y lo que no es posible manejar son los valores o creencias.

En mi opinión existen diversos niveles de conflictos, al igual que hay diversos caminos de poder asumirlos y solucionarlos, por lo general en las negociaciones cuando surge un conflicto se aumentan la diferencias y se disminuye la igualdad, pues habrá ventaja y desventaja en su conocimiento; cuando debería ser todo lo contrario, pues al negociar, se debe tener el objetivo de equilibrar con argumentos y soluciones reales lo que ambas partes argumentan y negocían.

Todo conflicto en una negociación tiene un origen, su dificultad y su adecuada solución y esto implica una resulución para ambas partes, debiendo revisar cual es su causa, las alternativas y proponer las posibles soluciones, si este conflicto suele ir en incremento, pasará de ser un conflicto sobre datos y hará escala en un conflicto de intereses, siguiendo en conflicto de valores y relaciones, lo que no dará un buen resultado a la negociación, y será necesario y válido pedir una pausa para su análisis a detalle, pues nuestro objetivo siempre debe ser lograr beneficios para ambas partes.

"Las palabras no son lo más importante, lo son las expectativas", es otro apartado del libro de *Alfred Font*, que nos presenta que en toda negociación, las palabras son solo una parte, son el proceso, y en muchas ocasiones la negociación, sin darnos cuenta nos lleva a solo las expectativas, recuerdo un afrase que escuche algunos años atrás, *"si concebimos la negociación únicamente en su forma verbal, estamos perdidos"*, y esto es más común de lo pareciera, por ejemplo cuando recibimos un contrato que firmamos prácticamente sin leerlo, vemos letritas y más letritas, hojas y más hojas, y seamos honestos, por flojera de algún día acabar, solo firmamos, te ha pasado?; este tipo de negociaciones es práctica diaria de los bancos o de alguna institución de crédito, su parte negociadora presenta un conjunto de papeles y la otra parte la ha firmado.

Al frente de una negociación es muy válido que cambiemos las expectativas que tenemos en la misma, y esto es porque llegamos a encontrar una situación desfavorable o detectamos que no era lo que estaba previsto, es ahí cuando todo buen negociador debe saber que hacer para cada situación, si vale la pena continuar buscando alternativas viables para rehacer una buena negociación o incluso saber cuando retirarse para buscar alternativas más razonables.

La expectativa es importante conocerla, ya que es una manera de anticipar, así como predisponer las posibilidades a obtener; esto nos da oportunidad para realizar o cumplir un determinado propósito durante la negociación, pues debemos preguntarnos: ¿qué quiero lograr?, ¿cómo lo voy a lograr? y ¿hasta que estoy dispuesto a ceder?; esperando el desempeño de una buena negociación.

Aquí concluimos que realmente las palabras no son solo parte del proceso de negociación y que su uso no se limitará a los asuntos del acuerdo, sino que también logra resultados en el entorno y que siempre estaremos expuestos a que la otra parte manipule sus expectativas usando sus propios motivos e intereses.

Con anterioridad te mencioné que en las habilidades de un negociador, se debía ser *Persuasivo*, *Observador* y *Creativo* y lo retomo como base, pues el siguiente apartado que *Alfred Font* desarrolla es el de **"Los demás no cambian si no cambias tú, AUTORÍZATE"**, y lleva implícito las habilidades anteriores, pues es necesario ser muy receptivos y generar el cambio de ser necesario, desde mi punto de vista alguien cambia solo por dos razones: la primera es por <u>necesidad involuntaria</u> y la segunda es por <u>deseo voluntario</u>; si las personas no tienen la disposición de cambiar simplemente no lo harán, "*nadie cambia salvo que no le quede otra opción*", de modo que será necesario tomar la iniciativa, pues una vez detectado que será necesario el cambio de postura, *"hay que ser motivadores de cambio"*.

Una vez que podemos percibir que la negociación esta tomando un rumbo fuera de lo previsto, o que la otra parte demuestra algun razgo de incomodidad o simplemente no esta siendo efectiva nuestra estrategia, podemos realizar el ajuste nosotros mismos, siendo quien inicie con la pauta y comienze marcando un ritmo diferentes, sin embargo, si decidimos no camblar, la otra parte tampoco lo hará, esta es la clave de un *Comportamiento Estratégico* ya que de alguna forma, los demás llegarán hasta dónde tú los dejas, por decirlo de alguna manera, esperarán el ejemplo para seguirlo.

En el momento que se habla de un *estereotipo, de roles y de paradigmas*, es para atribuir a las conductas, a las cualidades y a las habilidades de nuestros clientes, habrá otras características que los identificarán y dependiendo el lugar o de cada situación en la que ellos se encuentren, será su persepción, para todo este tipo de personalidades, debemos saber cómo responder e incluso la forma en que reaccionaremos, si vendes productos o servicios a costos altos, se cotizará mejor y los clientes aprenderán que los bueno siempre es más caro, por citar algún ejemplo, pero puede existir una contraparte cuando también sabemos que lo barato también puede ser de buena calidad y alguien más podrá argumentar que *"Lo barato sale caro"*.

Todos tendrán su perspectiva particular; y es esa la importancia de que los negociadores tengan información sobre todas las personas que se tienen enfrente en la negociación, no solo su cultura, país o necesidades.

Cuando llegamos a alguna negociación con un objetivo muy alto, imposible o poco realista, decimos que tenemos *Expectativas*

Tóxicas, indudablemente nos afectará en nuestra forma de ver las cosas, lo haremos desde una perspectiva distinta y nos comportaremos según nuestras expectativas, y si éstas están controladas por alguien más, nos volvemos el negocio de otros, explico un poco, no te llegó a pasar en la escuela alguna vez, cuando se decía que un profesor era muy difícil y complicado, que tuvieras cuidado, cuando llegabas te generaba tensión, así como temor por ser nuevo alumno, sin embargo a veces resultaba todo lo contrario y te dabas cuenta que lo que es difícil para algunos, es fácil para otros; yo propongo que para evitar las expectativas tóxicas deberás de procurar no ser prejuicioso, no adelantarnos a los hechos, debes de vivir y estar frente a la situación para utilizar tu criterio y aplicar tu experiencia en tu propio juicio y valuación.

Estando en una negociación, tendemos a hablar, a argumentar y deberemos de tener cuidado en este punto, hablar de más en el mundo de la negociación puede costar mucho y muy caro, ***"El miedo al silencio amenaza seriamente a tu salud"***, es otro de los temas de *Alfred Font* a su modo, nos hace una invitación para realizar una gestión saludable sobre el momento del silencio, la capacidad de decir NO, y nos hace una serie de sugerencias como:

- Hablar con un propósito

El conocer el tema, la información y lo que se diga sea casi como un guión, pues podemos ser nuestro propio error, al hablar de más, y sin conocer algun tema, a parte de que podemos apresurarnos y parecer impacientes.

- Convivir tranquilamente con el silencio

En esta parte esta una de las habilidades mencionadas, la de la Paciencia, debemos saber que si se genera algún silencio o provocamos un silencio, es por que es momento de dejar evaluar el argumento dicho, de que sea procesado por la otra parte o por nosotros, pues es necesario tener algunos momentos para retomar alguna idea, el rumbo o procesar nuestra respuesta evaluada ante la situación, este es el valor del silencio, guardando silencio y dando la pauta que la otra parte pueda hacerlo de igual forma y así analizar cuando sea necesario todo argumento.

- No reaccionar emocionalmente a las explosiones

El pensamiento crítico nos permite tomar esta situación y no exagerarla, de igual forma nos da herramientas para evaluar el como tomar la situación y el cómo y en qué momento responder, así como la forma de hacerlo, y lo hemos dicho anteriormente, "No lo tomes personal, son solo negocios".

- Ignorar las negativas injustificadas

Todo argumento como recordarás debe estar sustentado, cuando nos topamos con negativas no justificadas, estas careceran de valor, pues no sabremos si son reales o ficticias, lo que nos puede distraer de nuestro objetivo.

- Respetar los límites ajenos y defender los propios.

Este es otro paso fundamental de la Información y Preparación, pues deberemos ademas de conocer los mínimos y máximos de nuestra propuesta, el manejarlos a favor y en pro de éxito y el conocer los de la otra parte, nos dará la reacción necesaria y en la dirección adecuada para seguir negociando.

Durante el camino de las negocaciones, hemos de encontrarnos muchas que nos retarán, que nos forzarán a sacar lo mejor de nosotros, nos darán muchas satisfacciones resultando con éxitos, algunas otras nos dejarán agusto con resultados y nos econtraremos con algunas que no cerraremos o que dejaremos en pausa, por no arruinar una relación comercial, pero habrá otras que serán un desafío mayor, y son las que *Alfred Font* determina dentro de su libro como *"Los trucos sucios se lavan en casa y fuera de casa"*, estas son las que podemos definir como negociaciones con malas intenciones o malas prácticas, y es cuando detectamos que será una negociación ventajosa por la otra parte, y con lo que podemos denominar Trucos Sucios que serán utilizados en nuestra contra.

En este punto puedo considerar y comprtairte que la mejor forma que podemos utilizar para defendernos de estos Trucos Sucios en una negociación es insistiendo en un juego limpio de nuestra parte:

- Con datos concretos, utilizando la *Información* exacta, para saber cuestionar lo falso, y en que momento hacerlo.
- Evitar hacer comentarios negativos, poseer conocimiento en diferentes temas de discusión, para evitar los ataques.
- Tener el conocimineto para expresar interés con respeto, explorarando las necesidades del consumidor y conociendo sus preocupaciones.
- Por último, establecer la negociación con *Creatividad* presentando multiples ideas, generando soluciones sinceras de nuestra parte, evitando más discusiones en ese sentido negativo.

Cuando Trucos Sucios son utilizados para negociar hacen que nuestra confianza de deteriore en automático, manteniendo nuestra postura haremos que la inseguridad invada al *"tramposo"*, le generará que sea víctima de su propia falsedad y podrá sentir culpa; la negociación en estos términos tiende a terminar en malos resultados, pues habrá todo tipo de justificaciones por temor al engaño en la toma de sus decisiones, es indispensable no caer en el juego, pues la otra parte, al ser la mal intencionada, no sabrá si fue detectada y si nuestras resoluciones o propuestas son sinceras o son igual de cuestionables como las que la otra parte ha iniciado.

Esta práctica también hace parte del arte de la negociación, estar alerta y con mente abierta para saberlas reconocer, *Creatividad* y *Flexibilidad* para poder usarlas a nuestro favor, debemos aprender a evaluar y siempre estar *Preparados* para cualquier situación que nos quiera sorprender, *"El engaño puro y simple es probablemente el truco sucio más antiguo y rutinario de las negociaciones"*, menciona *Alfred Font* y sugiere siempre actuar con objetividad y lo más importante, no ser una víctima.

Cuando esta situación se presenta, es importante con cuidado estudiarlas, pues involucran lo que *Alfred Font* determina como *"Trampas Decisionales"*, que no es otra cosa que básicamente el caer en el juego de la otra parte, y afectar nuestra decisión en el rumbo que nos marcaron, cuando estamos frente a este tipo de entorno, el punto clave de saber qué hacer será primordial, analizar si estamos siendo influenciados por otros factores, tomando en cuenta que tratan de apartarnos de la racionalidad y de nuestros verdaderos intereses, esto lo desarrolla en su tema **"Las trampas decisionales capturan tu mente"**.

En este capítulo mencioan que se presentan tres *"Trampas Decisionales"*, detallándolas de la siguiente forma:

1.- Efecto anclaje: es cuando la negociación presenta los argumentos y propuestas, en el cual las opiniones determinadas son condicionadas o contaminadas por un *"Ancla"*, y esto es saber cómo influenciarte, un *"Ancla"* es creada a través de llevar a una persona a un estado emocional intenso, este efecto es un valor en el cual parte la negociación, es darle mayor peso a la primer propuesta o argumento, más que al resto de lo presentado, un primer argumento o evidencia que se presentó sobre algo y se retoma para presionar a la hora de tomar una decisión, esto no es sino la tendencia a establecer un punto de partida, a partir del cual realizaremos las comparaciones y valoraciones que vendrán a continuación dándole mayor peso y degradando el resto de lo presentado.

También tenemos el *"Anclaje Documental"*, este tipo es uno de los cuales es necesario dejar una constancia por escrito, soportar cada argumento y resolución propuesta y aceptada en documento, en la que la formalidad soporta profundamente la negociación, esto con contratos, pactos, acuerdos, etc.

2.- Efecto costes sumergidos: también conocidos como *"Costes Hunididos"*, y estos en una empresa son gastos generados y que no se pueden evitar, por ejemplo los generados en entregas o envíos a domicilio, los de producción, los de personalización, etc. pero estos en una negociación se refieren principalmente a quienes han invertido tiempo, dinero o dedicación personal para hacer algo y continuarán haciéndolo, son argumentos que de presentarse, no deben de tomarse en cuenta a la hora de tomar una decisión, estos deben de ser parte del resultado, no del proceso.

3.- Efecto marco: generalmente cuando esto se presenta es limitar o limitarnos a una toma de decisión que no va más allá de lo solicitado, es básicamente *"enmarcar"* o generar contexto que condiciona la respuesta, el *"efecto marco"*, lo que busca es condicionarnos en respuestas o reacciones, y es cuando el rumbo de la negociación no lo tenemos nosotros y es determinado por la otra parte, por lo que suguiero que en este punto, NO debes tomar decisiones pues lo harás únicamente de forma emocional, necesitas evaluar y determinar la propuesta y sus alternativas antes de decidir, por eso es una *"Trampa Decisional"*.

En el momento que la negociación esta avanzando y es momento de tomar decisiones, lo más comun es después de evaluar y proponer las aternativas para algunas soluciones, deberemos ceder en algun punto, por lo que es necesario revisar este tema, pues **"Uno cede porque cree que el otro no cederá"**, por lo que antes de ceder, es necesario dotarnos de credibilidad, es la clave para entender cómo se estan desarrollando las negociaciones.

Este momento de decidir estará condicionado por nuestro objetivo, por lo que queremos obtener, de igual forma por lo que esperamos de resultado en la negociación, aquí es donde nos apoyamos en nuestra credibilidad y su Influencia en nosotros, *"Si los demás creen que haremos lo que anunciamos que vamos a hacer, nuestro poder es mayor"*.

No se si haz escuchado la expresión *"Hay que quemar las todas las naves"*, esta tiene origen con el conquistador *Alejandro Magno*, cuando se vió ante un ejercito de Fenicia, 3 veces más grande que el suyo y utilizo esta táctica y argumento, de que ahora solo tenían que vencer, pues no habría regreso para sus hombres, con ello hago alusión a que hay que hacer todo lo posible por el objetivo, es decir, que si es necesario eliminar alternativas y limitar posibilidades, se evalue y se haga, luego entonces, si optamos por ceder al ver que el otro no quiere hacerlo, pero con esto cumplimos nuestros objetivos en la negociación, entonces no perdemos, sino que pretendemos hacer creer a la contraparte que él es el más favorecido, esta funcionará como estrategia y sin embargo nosotros obtenemos lo que queremos.

El *"poder negocial"* es la capacidad de influir y controlar el resultado de una negociación de la manera más favorable para uno mismo, por lo que *Alfred Font* dice que **"El poder de negociar reside en las alternativas"**, el mayor poder de negociación lo tendrá la parte que tenga más alternativas, tener esto en mente y conocer quién en la negociación *"tiene la sartén por el mango"* es sin duda alguna una ventaja competitiva muy grande.

El conocer nuestros mínimos y máximos en una negociación, es la *Información* que nos pondrá a prueba durante toda la negociación, por lo que el manejo de esta, nos hará buscar y encontrar la mejor alternativa a un acuerdo, nuestro *"Valor de reserva"*, es el punto que podrá hacer la direferencia entre tener un acuerdo o desacuerdo, este se utilizará mientras estás en la negociación, en la cuál podrás ir haciendo ajustes, tratando acuerdos, llevando las pausas y estableciendo tu propio ritmo.

Cabe mencionar que el *"Valor de reserva"* nos permitirá hacer una comparación, la que nos dará una media de nuestro poder en la negociación, así como lo resultados, y utilizaremos nuestras *"Fuentes de poder"*.

Estas son las que tenemos en nuestra mente y basadas en nuestra *Información*, servirán para influir en el comportamiento de la otra parte negociadora, las utilizaremos para saber manejar la negociación favorable, cuanto mejor sea tu decisión en la propuesta, mayor será el poder que tendrás, y esto se logra en la cantidad de alternativas que puedas crear y proponer, para llegar a este punto, no se puede entrar en negociaciones a ciegas, se deben conocer los datos relevantes de la estructura negocial y desde allí establecer nuestra posición dentro del marco de trabajo, nuevamente me refiero a la *Información* y *Preparación* sobre la negociación y sobre el mismo negociador.

Y el último tema de *Alfred Font* en su libro *"Las 12 leyes de nagociación"*, es el de **"Si entrenas es muy fácil"**, y como cierre de su libro, me parece extraordinario, pues como se dice *"La práctica hace al maestro"*.

Como para cualquier diciplina deportiva, para negociar también debemos entrenarnos, prácticar y prácticar, porque ya tenemos la información y ahora es necesario convertirla en conocimiento y el conocimiento a ponerlo en práctica, que te parecería convertirte en un *"Negociador de Alto Rendimiento",* suena bien verdad?

Toda negociación pequeña, sencilla y por más simple que parezca, nos dará lecciones para la vida real, saber cómo desenvolvernos, como aprovechar oportunidades que se presentan, el crear estas oportunidades, te dará la experiencia de crecimiento en la vida personal y profesional, para saber tomar las mejores decisiones posibles.

Ahora te pido que te hagas las siguiente pregunta ¿Porqué esto te formará como persona?, debemos reconocer que no somos perfectos, debemos conocer nuestros errores, saber utilizar nuestro autocontrol, reflexionar, aprender y mejorar; ir un paso adelante, conocer nuestras mayores debilidades y transformarlas en fortalezas, reconociendo que se pueden cambiar las estrategias.

En lo personal, me fue muy interesante e importante compartir mi punto de vista sobre el libro de *Alfred Font*, porque aunque no lo parezca, ha hecho cuestionarte, que conozcas e identifiques la importancia que conlleva una negociación en nuestro día a día y que hará que te esfuerces en ser cada vez un mejor negociador.

Hay una frase con la que el autor cierra su libro:
"Piensa mucho, habla poco, no tengas prisa"
Alfred Font Barrot.

Y es con esta misma, cierro este capítulo, dejándolo a tu propia interpretación.

09 Negociaciones Difíciles.

"Parece existir una perversa característica humana, a la que le gusta hacer difíciles las cosas fáciles."

Warren Buffett.

Conocemos ya lo que es Vender, siendo esto la parte inicial del proceso de Negociación, también que este es el inicio, hemos visto ya los cimientos de un negociador, iniciando en las características, algunas bases, los diferentes tipos de negociación y hasta algunos tipos de estrategias que se emplean o pueden surgir durante una negociación y los principios que en cada una pueden aplicar.

Sin embargo, ahora con estas bases, podemos decir que las Negociaciones son como un deporte, que nos reta a crear habilidades, a desarrollarlas y como he dicho, a practicarlas en nuestro día a día, desde el sencillo negociar para ir al cine en familia, o a un restaurante, hasta en lo profesional, desde una sencilla venta con condiciones especiales, hasta un acuerdo contractual trimestral o anual, con alguna gran corporación o empresa.

En esta última, es donde ahora desarrollaremos el tema, las *Negociaciones Difíciles*, las que en ocasiones y por diferentes circunstancias consideramos *Negociaciones Bajo Presión* o *Negociación en Crisis*, para estas debemos de estar conscientes de la importancia que implica y la responsabilidad que lleva el cerrar de forma exitosa, en este tipo de negociaciones, las partes involucradas, cuentan con alto nivel en cuanto a tomas de decisión, considerando que pueden ser Ejecutivos con experiencia y profesionales en su área, por ejemplo, no es lo mismo cerrar un acuerdo con una empresa de tamaño mediano y de presencia regional, que sentarnos a negociar con una compañía de renombre y transnacional grandes volúmenes y cantidades de pago, o financiamiento, espero explicarme, no es lo mismo manejar un contrato de $ 1,000 USD a uno de $ 1,000,000 USD.

Aquí las implicaciones de responsabilidad, de valor, de tiempo, de respeto, de honestidad, de ventajas y beneficios son altas, de esta forma será también alta la expectativa de la contraparte, pues en este tipo de negociación se espera toma de decisión al instante y cada argumento es asentado por escrito, por lo que es muy delicado proponer o argumentar, ya que deberemos respaldar y al mismo tiempo responder tal y como se dijo y se asentó en la negociación.

¿Complicado? ¿Arriesgado? ¿Presión?... claro que lo habrá, desde el inicio de la negociación, y no esperes que se mantenga o disminuya, al contrario, puede ir incrementando con cada tema o argumento que se ponga sobre la mesa.

Por eso en este capítulo, veremos lo que puede ser o parecer una Negociación Difícil o Complicada, como le quieras llamar, este tipo de Negociación considero que es mi especialidad, durante mi trayectoria, he encontrado en este tipo de negociaciones los mejores retos, las mejores emociones y las más grandes satisfacciones, pues así de grande será la negociación como grande el resultado, el sentimiento y adrenalina que se percibe, antes, durante y después de la misma, es adictivo en mi persona y créeme, una vez que tu lo practiques y domines, se convertirá en uno de tus mejores pasatiempos, además de que disfrutarás cada negociación, exitosa o no, por que seamos sinceros, no siempre terminarás con la expectativa lograda, pero si con un acuerdo mutuo y satisfacción en lo convenido.

Para este tema, deberás conocer las técnicas de una buena negociación, esto es fundamental para cualquier negociador o ejecutivo, como lo hemos visto, será tu guía de pasos a seguir una vez la preparación, es imposible crecer en el mundo de los negocios si no se comprende y domina el método de comunicación, será el que nos ayuda a resolver diferencias y argumentar en defensa nuestros intereses.

El escritor Deepak Malhotra, profesor de la Escuela de Negocios de Harvard y consultor para diversas empresas, en su libro "Negotiating the Impossible: How to Break Deadlocks and Resolve Ugly Conflicts (without Money Or Muscle)", este libro ha sido una de mis bases, tengo que reconocer que me gusta negociar, me desempeño en área comercial, me impulsa el participar en esa situación en la que dos o más personas necesitan de la una y de la otra y tienen que llegar a un acuerdo de lo que serán las condiciones para ese intercambio, existen situaciones en que fácilmente se llega a un acuerdo, esto por lo regular es cuando ambas partes tiene los mismos fines u objetivos, o como comparten una visión y pueden valorizar y dar importancia al acuerdo.

Por demás interesante resulta el libro *"Negociar lo imposible"*, en este podemos encontrar un análisis de diferentes casos a través de la historia, y nos explica las ideas y el por que de estas que se tuvieron para llegar a solucionarlos en conjunto.

El estar siempre consciente de Tu propia fuerza negociadora, pendiente de las circunstancias, de la visión del resultado, de los tiempos y algunos otros aspectos, que serán determinantes al momento de negociar, y no perder el enfoque en solo un punto de vista del acuerdo, pues de no hacerlo, hará que se reduzcan nuestras posibilidades de terminar la negociación con buen resultado.

A fin de cuentas, "**Negociar lo imposible"** es un libro que mostrará un panorama existente, más allá de los horizontes que habías contemplado, involucrándote en un aspecto tan básico de la vida cotidiana como lo es la Negociación.

Ahora te compartiré los 3 fundamentos que Deepak Malhotra hace referencia, en los cuales establece como guías para una resolución efectiva y como herramientas efectivas al momento de negociar:

1. El poder de la formulación

Cuando me ha tocado estar en esta situación, siempre he dicho que la *Paciencia* y *Creatividad* en el análisis es fundamental, el como nuestras propuestas están direccionadas, como están enfocadas a la solución, esa es la parte de él como se **Formularás** la alternativa, como la propones y como presentas los resultados posibles, es necesario reflexionar detenidamente no solo sobre cuántos beneficios les estamos proporcionando a la otra parte, sino también sobre la forma en que están considerando esta oferta, ¿recuerdas que hablamos del *valor de los silencios*?, aquí es donde aplican, pues ante estos niveles de negociadores y negociación, una vez lanzada tu propuesta o argumento, se es válido guardar algunos momentos de silencio, con la intención de realizar un análisis y detallar cada parte del argumento para uno mismo y para la otra parte, evaluar la viabilidad de lo propuesto y detectando el como se esta valorando la negociación por la otra parte, si su apreciación o interpretación no es como la tenemos prevista, no estarán sintiendo que lograron su cometido, y estaremos en problemas, pues no estamos proyectando soluciones viables a la negociación, luego entonces, nuestro aporte no será valorado.

Es importante lo que *Deepak Malhorta*, menciona a tomar en cuenta, es lo que él llama *"la lógica de la idoneidad",* es decir, estar abiertos y siempre receptivos para detectar si la otra parte esta entendiendo y considerando como *"adecuada"* nuestra propuesta, la que podríamos reforzar señalándole que en otras oportunidades otros clientes han escogido esta misma opción, asimismo, el tomar la iniciativa en las propuestas nos pondrá un paso adelante, recuerda siempre que cuando se trata de la *Formulación*, ser el primero en actuar te determina una importante ventaja, cuanto antes se afiance una solución, tendrás más probabilidades de que se mantengan y adecuen todas las negociaciones o propuestas siguientes.

Uno de los errores más comunes que se pueden presentar en una negación de este nivel, es lo que se denomina como *"Un Regateo sin sentido",* esto lo podemos interpretar como que lanzamos o proponemos una oferta única y sin alternativa alguna y tras intentar hacer la labor de convencimiento a la otra parte, eoncontraremos una negativa y fracasaremos en esta propuesta, de inmeditao pasamos a la siguiente oferta, dejando por perdida la anterior, sin dar evaluación, sin establecer anállisis, sin proponer contrapropuesta y sin lo mínimo que podemos hacer, el preguntar ¿Por qué?...

La clave para negociar con éxito en altos niveles es poner sobre la mesa, diferentes alternativas y propuestas al mismo tiempo, manejar a favor de ambas partes varias soluciones e intereses simultáneamente, es decir, no solo proponer sólo una única propuesta o solución, se deberán de proponer dos o tres a la vez, junto con sus ventajas y beneficios, de ser posible ligar estos entre sí, dejando entre ver que el conjunto es un resultado exepcional, no nos centremos en la porpuesta 1 solamente, presentemos también las alternativas 2 y 3 de un solo golpe, así dimensionaremos el resultado del todo y no lo minimizaremos llevándoles de una en una hasta el resultado, esto te hará ganar tiempo, te dará seguridad y llenará de certeza a la otra parte, demostrando tu habilidad, creatividad y autoridad en la negociación.

2. El poder del procedimiento

Esta herramienta nos da a entender que hay que disfrutar el viaje tanto como el destino, y esto no es otra cosa que realizar con el mismo interés el *Procedimiento* que nos llevará al objetivo, por que lo que trata de no solo negociar el objetivo final, sino negocia también el proceso con el cuál se implementará el resultado, el cómo se puede participar activamente y en forma, esto apoyará el cumplimiento de los objetivos, obviamente, conociendo tus alcances y limitaciones, para no comprometer más allá de tu posibilidad, es decir *"no es el destino, es el viaje... lo que lo hace atractivo."*, es el *Proceso* y el como se lleve a cabo en sí, el que ayudará a controlar las expectativas en el resultado, dándote una herramienta para evaluar cada parte de las soluciones propuestas y determinar como serán válidos tus argumentos, los estarás soportando sólidamente, siempre ambas partes deberán tener claridad sobre el camino que se seguirá en las propuestas de los resultados a corto, mediano o largo plazo; incluso de los inconvenientes que se pudieran presentar, los cuales podemos demostrar que están contemplados e implícitos en la negociación misma.

El NO negociar el proceso mismo de forma efectiva, te puede llevar al punto de cometer errores sobre el resultado a futuro, por eso las herramientas que menciono como apoyo, te ayudarán a detectar si estas presentando la solución a un problema de forma adecuada y no que te detonará algún otro inconveniente de forma indirecta, como puede ser el realizar concesiones inoportunas o precipitadas, no preparar alternativas evaluadas, plantear propuestas o malas exigencias, todas estas generadas por un error en el análisis y que van a llevarte a cometer fallas de coordinación en la negociación, esto es como el no haber anticipado o previsto algunos obstáculos como pueden ser plazos, tiempos administrativos y por que no, hasta el comportamiento del algún tercero involucrado en el resultado directo e indirecto, todo factor deberá de haber sido revisado y debes conocerlo, así como el cómo llegar a él, esto te ahorrará muchas explicaciones más adelante.

3. El poder de la empatía

Mucho hemos escuchado y dicho ya sobre la *Empatía*, y de nuevo en términos generales recuerdas que es *"Ponerse en los zapatos del otro..."*, yo siempre he dicho que eso no es posible, pues cada quien tiene una forma de pensar y sentir diferente, y eso me gusta traducirlo o explicarlo como *"Escuchar, analizar y entender las razones del otro, y las circunstancias del por qué?"*, me parece más adecuado en este sentido el poder analizar las razones por las que la otra parte cree justificados sus actos o pretensiones; y entender cuál es el punto de vista que tiene de las cosas, esto será fundamental para una buena negociación. La empatía no garantiza el éxito, pero su falta generalmente garantiza el fracaso.

Si nuestro jefe nos rechaza un aumento de sueldo, lo podríamos calificar de insensible o si un socio comercial es agresivo en sus exigencias, podríamos tacharlo de codicioso, sin embargo, es probable que Dirección tenga las manos atadas o que la compañía atraviese por un momento crítico, en el caso de nuestro socio comercial, quizá él crea que sus peticiones son absolutamente razonables.

"Cuanto mayor sea nuestra capacidad para la empatía, más opciones solemos tener para resolver potencialmente la controversia o el estancamiento".

Deepak Malhorta.

De acuerdo con *Malhotra*, de forma individual, cada una de estas herramientas son muy eficaces para conseguir lo que deseamos en una negociación de cualquier tipo, desde un aumento de sueldo hasta grandes transacciones, sin embargo, si logramos llegar a entender, dominar y utilizar las tres en conjunto y direccionadas de forma correcta al mismo objetivo, podremos tener éxito en negociaciones que parecen imposibles.

10 Practicando y Creciendo.

"Sé extremadamente sutil, discreto, hasta el punto de no tener forma. Sé completamente misterioso y confidencial, hasta el punto de ser silencio. De esta manera podrás dirigir el destino de tus adversarios".

Sun Tzu.

Haz llegado hasta aquí, por lo que me da gusto saber que ahora estas dispuesto a iniciar el camino práctico en el mundo de la Negociación, y más gusto me da saber que hemos estado paso a paso conociendo lo que teóricamente implica tu transformación en el mundo de los negocios.

La teoría es solo eso, una teoría, con fundamentos y bases, que no siempre se aplicarán en su totalidad, y hay mucho que no se aprende en la teoría, sino en la práctica y es fundamental el conocer todos los caminos posibles y la información que ampliará tus conocimientos, recuerdas que la *Información* es *Poder?*

Pues ahora es momento de tu *Empoderamiento*, para triunfar y destacar en el mundo de los negocios y crear lazos sólidos, necesitas conocer y desarrollar las habilidades de un *Negociador*, habilidades y aptitudes que te ayudarán a resolver de forma efectiva todos los problemas que surgan, lograr convivir en armonía con tus compañeros de trabajo e incrementar el número de tus clientes, desarrollar la capacidad de convencer a las personas tendrá un impacto altamente positivo en tu negocio y por su puesto en tu carrera, esto te abrirá las puertas de un mejor trabajo, mejor sueldo y por ende un mejor futuro.

Un vez que logras sentirte agusto y cómodo negociando, es porque logras dominar el *Arte de la Negociación*, te será más sencillo lograr cumplir tus objetivos, no tienes que eforzarte para conseguir alianzas y la gente pensará mucho el intentar aprovecharse de ti.

Por lo que es momento de *Practicar, como lo dice Alfred Font "Si entrenas es muy fácil"*, si, de que práctiques en el día a día y poco a poco ir desarrollando y perfeccionando tus habilidades, en tu vida diaria te enfrentas a toda clase de situaciones, sea fuera o dentro del trabajo y es en éstas que podrás ir poniendo en práctica tus habilidades de negociador.

Para lograrlo, además de práctica, necestarás confianza en ti mismo y es en lo iremos trabajando para conseguir buenos resultados, deberás encontrar una solución en la que cada una de las partes obtengan beneficios.

Cualquier persona puede adquirir los conocimientos, conocer las técnicas y trabajar para mejorar sus habilidades personales para influir en el comportamiento y reacción de los demás y así conseguir sus objetivos, muchas personas piensan que se debe nacer con un algún tipo de *"Don especial"* para desempeñarte con éxito en los negocios, pero esta idea no es del todo correcta, pues en el aprendizaje y en su práctica se demuestran los resultados.

Existen empresarios que poseen un talento innato, el cual no les sirve de nada si no lo entrenan y sin un asesoramiento adecuado, la clave del éxito en las negociaciones es tu propia *Personalidad*, no podrás convencer a los demás y lograr que acepten tu punto de vista si no proyectas una imagen de confianza, sin ser cordial, siendo inflexible y si no sabes manejar la información a tu favor, estos son sólo algunos de los factores que en tus habilidades debes aprender a dominar de forma efectiva para firmar muchos contratos exitosamente.

Hoy en día el uso de la tecnología, de los nuevos medios de comunicación en auge y tan a la mano de todos, nos permite acceder a todo tipo de información en cualquier momento y casi cualquier lugar, como usuarios de facebook, instagram, whatsapp y otros muchos más, el internet conecta de forma dinámica al mundo, y no somos la excepción.

Por lo que para lograr interactuar contigo y estar en contacto, si así lo deseas, pongo a tu disposición las cuentas de facebook, instagram, blog y correo electrónico, para poder recibir tus comentarios, sean buenos, sean malos y me hagas partícipe de tus experiencias, para así ir de la mano contigo, permitiéndome conocer tus incertidumbres y brindar asesoría si la solicitas, ya había agradecido por permitirme formar parte de tu vida a través de este libro, y ahora puedo hacerlo en tu desarrollo propio para impulsarte a alcanzar tu exito como Negociador de Alto Nivel.

Siéntete libre de comincarte y expresar todo aquello que para tu desarrollo sea importante...

e-Mail:	contacto@miguelangeltoroz.com
Facebook:	miguelangeltoroz
Instagram:	miguelangel_toroz

Un punto muy importante es que te des permiso para negociar, autorizate a realizar en ti los análisis, a darte tu propio espacio y tiempo de evaluar y resolver, aunque tengas situaciones que aparenten ser innegociables, recuerda que siempre habrá esa oportunidad de negociar; obviamente, puede que no siempre obtengas lo que quieres, pero siempre podrás poner en práctica esa habilidad y aprender de la situación y de lo que te llevo a ganar o a no hacerlo.

Negociar diariamente con situaciones cotidianas es algo en lo que puedes practicar constantemente, puedes negociar un determinado horario, una fecha para algun evento, el adquirir algún artículo hasta podrás evaluarte cuando quieras ofrecer algo a cambio de otro, el valor de estas acciones es la experiencia aprendida en cada etapa que apliques, los temas cotidianos si no son logrados no tiene una afectación tan relevante como cuando es tema de Negocios e involucras grandes resultados, por eso en todo momento encuentra una oportunidad de negociar, lo que necesitas para ser un buen negociador es eso, la Práctica constante, vamos a poner algunos ejemplos y ejercicios que en tu día a día puedes aplicar y que te dejarán esa experiencia que estamos buscando.

Negociar es aplicar algo de psicología, confía en ti mismo y en tus habilidades, de esta forma lograrás lo que te propongas, recuerda, No se trata sólo de vender, un Negociador Profesional sabe que es necesario poder influir en la forma de pensar del cliente y en sus emociones.

Para apoyarte en esto, podrás implementar algunos ejercicios que llevaran a usar tus técnicas, generar estas estrategias por ti mismo, vamos a dar paso a algunos ejercicios que recomiendo, estan diseñados para que cualquier persona, sin importar que tan tímida o introvertida sea, pueda aplicarlas.

1. Generando Empatía

Las negociaciones son actos que generan mucha *tensión* por si solos, por lo que mi primier recomendación es que al entrar a una sala de juntas u oficina es intentar reducir o eliminar esta tensión.

El momento que nos genera ansiedad, es cuando estamos menos dispuestos a tomar en cuenta ideas diferentes a las propias, este tipo de resistencia se convierte en un factor en tu contra, cuando esto pase, peséntate amablemente, procura siempre tener contacto visual con todos e intenta hacerlos sonreír, algún comentario, alguna sonrisa, demuestra una actitud amigable y positiva, esto hará que los participantes entren en confianza y se muestren más dispuestos a entablar negociaciones, dsipuestos a escuchar diferentes opciones que vas a presentar.

Empatía la podemos definir como: *"la habilidad social que permite al individuo anticipar, comprender y experimentar con el punto de vista de las otras personas".*
Veamos el ejercicio con el que iniciaremos esta etapa de práctica, el primero que nos harán ir avanzando e ir ganando la experiencia necesaria en el día a día.

Es muy común encontrar en nuestra vida cotidiana a personas muy afables, con quienes no tenemos problema alguno en relacionarnos, sin embargo también econtramos personas no tan dsipuestas a hacerlo, son ese tipo de persona que se mantiene alejada de nosotros, por alguna situación en particular, ese tema no lo podremos desarrollar, pero si podemos practicar nuestra Empatía con este tipo de personas, pues son las mejores para crecer empáticamente, es decir, hay alguien que no se lleva mucho contigo, que solo saludas y no interactuan más alla, este es un buen reto para hoy, deberás ubicar con quien necesitas ese lazo empático de práctica, deberás acercarte de forma cordial, saludarle, preguntarle como le va el día de hoy, y tratar de generar una plática corta, busca algún tema en común relacionado con el trabajo y platícalo, puede que no te sea fácil, ese es el reto, y también puede que no sea fácil para la otra persona, pero al final podrás así medir el resultado.

- Con quién me acercaré? _____

PREPARACIÓN

- Argumento de aproximación
    -Argumento

_____
_____
_____

INFORMACIÓN

- Propuesta de Conversación
    -Propuesta 1

_____
_____
_____

    -Propuesta 2

_____
_____
_____

RESULTADO

- Resultado de Empatía

- Se logró   SI ____   NO ___

¿Que sucedió?

_____
_____

¿Cuál fue tu aprendizaje o experiencia de este ejercicio?

_____
_____
_____

Con este ejercicio con la misma u otra persona, hazlo cuantas veces te sea necesario, lo importante de este ejercicio es que logres desarrollar la habilidad de empatizar con quien sea, sea sencillo o complicado el asunto, poco a poco, notarás que esta habilidad se agudiza y se refuerza con cada ejercicio realizado, verás como a nivel personal crecerá la seguridad en ti, permitiéndote acercarte a cualquier persona, sea conocida y por conocer, recuerda si necesitas apoyo o tienes dudas, estoy para ayudarte, y recuerda comentar como te fue...

2- *Escucha activa y Comunicación*

Negociar es una competencia que mejor es remunerada, si esto lo trasladamos a una empresa con vendedores que tienen la habilidad de negociar, es una enorme ventaja en el mercado, y pueden cotizarse muy bien en su area laboral, y todo esto inicia con la comunicación y el saber como utilizarla.

Existe la creencia de que, quien hace el primer movimiento, tiene la ventaja, pero no siempre es así, pues si te adelantas y ofertas antes que el cliente, este puede no estar preparado para aceptarla, pues le faltará información.

Evaluar la situación conforme avance la reunión, servirá para saber si haz calculado de forma correcta y poder percibir si la otra parte está convencida por tu propuesta.

Ahora ejercitemos la *Comunicación* y la *Escucha*, lo que ya comenzaste a realizar, con el ejercicio anterior, estos temas van implícitos, solo que ahora lo haremos de forma puntual, ya practicaste tu *Empatía*, toca el turno a la comunicación y la escucha y lo haremos con el siguiente ejercicio, este lo puedes desarrollar con la persona con la que acabas de empatizar, y te servirá para conocerle aún más y conocer el qué y cómo lo hace, y viceversa, te conocerá también a ti.

Dentro de tus multiples ocupaciones debes de llevar algún tipo de proceso, también la otra persona, y te toca primero conocer lo qué hace y cómo lo hace, deberás prestar interés en la escucha, lo que permitirá que se abra en sus explicaciones y despierte el interés en ti, en lo que haces y el cómo lo haces.

Recuerdas el como despertarás el interés en la *Prospección*?, es correcto, esta es la clave, interés en el otro y se interesará en ti, vamos a practicar:

- Que tema preguntaré? _____

PREPARACIÓN

- Argumento de aproximación
    - Interes especifico en:

_____
_____
_____

INFORMACIÓN

- Propuesta de Conversación
    - Propuesta 1

_____
_____

    -Propuesta 2

_____
_____
_____

RESULTADO

- Resultado de Escucha y Comunicación

- Se logró   SI ____   NO ____

¿Que sucedió?

_____
_____

¿Cuál fue tu aprendizaje o experiencia de este ejercicio?

_____
_____
_____

Lo importante de este ejercicio es que logres desarrollar la habilidad de comunicación con quien sea, que lo que comuniques sea claro y no deje dudas, y de igual forma que lo que puedas escuchar sea asimilado de forma correcta, en este ejercicio puedes al terminar preguntar a la otra persona si no dejaste dudas, si fue la forma correcta de explicarle, de esta forma te dirá si fue acertado o si hubo algún tema que necesites explicar más, esto reforzará en ti puntos a mejorar.

Una vez realizados estos ejercicios, habrás avanzado mucho, pues trabajaste en desarrollar la *Preparación*, pues armaste el ejercicio en base a tus necesidades, y también desarrollaste la *Información*, pues conforme avanzabas, la utilizaste para crecer la realción y modificar los argumentos en base a lo que la otra paersona te presentaba como respuesta o como comentario.

Haz crecido en tu capacidad y habilidad de relacionarte con las personas, fíjate, que si lo hiciste con una persona que por lo regular no era afin a ti, o no tenía realción alguna contigo, ahora lo puedes hacer con cualquiera y de una forma cordial y directa, pero también practicaste argumentos e ideas, desarrollaste tu *Creatividad*, tu inicativa y análisis, esto lo hiciste al preparar los argumentos a utilizar y las propuestas que manejaste con *Flexibilidad* en su desarrollo, Felicidades, te das cuenta que poco a poco tus habilidades pueden ser perfeccionadas en el día a día?, continua así y lograrás lo que quieras.

Veamos ahora el ejercicio en Negociación directa, se pueden presentar muchos o pocos de las habilidades y características mencionadas para un Negociador, hagamoslo sencillo y negociando temas cotidianos, con los que diario convives.

Antes de entrar de lleno a este ejercicio, me gustaria aportar algunos "tips" adicionales que te ayudarán, cuando estás en el proceso de negociación, procura evitar usar frases como *"Yo creo que..."* o *"Yo pienso que..."*, pues estas le restarán formalidad a tu argumentación, los Negociadores profesionales saben que sobre todas las cosas, está la seriedad, y estas solo denotarán incertidumbre en tus argumentos, dejando entrever que solo son tus conjeturas, que no hay nada sustentado, si comunicas utilizando términos claros, demostrarás tu dominio del tema, así que si vas a utilizar cifras, números, palabras especializadas, que sean con el objetivo de detallar y hazlo para tomar el control de la negociación y que estas sean perfectamente claras y sustentadas por ti.

Fundamental el siempre ser sincero y realista, no intentes informar cifras elevadas sin soporte, el hacerle creer a las personas que tu producto o servicio les traerán grandes ganancias, además de ser poco ético crearás una situación que jugará en tu contra, la reacción natural de cualquier persona al escuchar un trato sumamente bueno despertará la sospecha.

Si desde el primer momento tus propuestas suenan demasiado buenas para ser verdad, serán rechazadas, un cliente siempre apreciará la cinceridad, es una muestra de confianza y de que podrás respetar el acuerdo de manera adecuada.

Argumentado lo anterior demos paso al ejercicio de Negociación, este te servirá de forma inmediata para negociaciones sencillas, como la que se busca para esta práctica, pero también es la base para cualquier Negociación, claro que habría que ampliar los datos hasta donde te sea necesario.

Negociando con Claridad tu objetivo.

El primer paso para una negociación efectiva es que llegar a la negociación conociendo de forma clara lo que quieres ganar, tu objetivo, necesitas identificar qué es lo que tú quieres obtener de la otra parte.

Vamos definir el ejercicio, que negociarás?, a modo de practicar se me ocurre por ejemplo, todos tenemos dentro de nuestro horario laboral el horario de la comida y para muchos este es *"sagrado"*, inamobible, este muchas veces suele ser diferente para algunos, si tu horario de comida es diferente al de alguno de tus compañeros, puedes negociar un intercambio, buscar con quien puedes intercambiar tú salir temprano y la otra persona salir un poco más tarde a comer, esto implicará un tiempo que la otra persona se quedará con algo hambre en ese tiempo, pero ese es el reto, lograr convenserle de que salga más tarde intercambiando contigo, como ves? buen reto, no?, no cualquiera sacrificará una hora más de su tiempo, por lo que te toca buscar que argumentarás, que beneficio habrá para ambos y que aprenderás de esto...

Puede que tengas algún ejemplo para practicar diferente, pero lo importante es lograrlo, para lo que te dejo esa sencilla guía para este ejercicio, te servirá colocar tu objetivo, lo que quieres obtener; tu argumento, tus mínimos y máximos a ofrecer; tu propuesta u oferta y tu resultado; ¿qué lograste?, ¿cómo lo lograste? y ¿qué aprendiste?, no olvides comentármelo en cualquiera de los links de comunicación anteriores y hacerme saber que tal te fue...

Repite este ejercicio las veces que desees, con el mismo u otro objetivo, hazlo cuantas veces te sea necesario, si te es posible ve elevando el nivel de la importancia de lo negociado, poco a poco al subir la exigencia, desarrollaras más argumentos, alimenta pues tu ingenio, tu creatividad y crece el reto hasta donde creas es posible, la importancia de este ejercicio es que logres fijar un objetivo y no pierdas el enfoque hasta el final, sea uno sencillo hasta uno más coplicado, tú pones el limite, poco a poco, notarás que tu enfoque se puntualiza y refuerza con cada ejercicio realizado, a eso lo llamamos *Enfoque,* y tus habilidades de igual forma crecerán.

- Objetivo a negociar _____

PREPARACIÓN

- Argumentos a utilizar
    - Argumento 1

_____

_____

- Argumento 2

_____

_____

INFORMACIÓN

- Propuesta o Resolución
    - Propuesta 1

_____

_____

- Propuesta 2

_____

_____

RESULTADO

- Resultado de Negociación
    - Se logró   SI ____   NO ___

¿Que sucedió?

_____

_____

¿Cuál fue tu aprendizaje o experiencia de este ejercicio?

_____

_____

_____

11 Conclusión para Negociadores.

"La mente que se abre a una nueva idea, jamás volverá a su tamaño original".

Albert Einstein.

Cierro por ahora con este capitulo con algunos consejos, cometarios o tips, que en mi trayectoria me han ayudado en el paso a paso de Negociaciones básicas y de alto nivel, y que practicándolas en el día a día, a ti te podrán trasnformar en un **Negociador de Alto Nivel** o **Negociador de Alto Rendimiento**.

Una de las preguntas más recurrentes con las que me encuentro, es la de ¿El cómo hacer que el las ventas permanezcan constantes? y por consiguiente generen rentabilidad, la respuesta que más comparto es la de *"Genera relaciones comerciales, no solo clientes..."*, con esto quiero decir que es importante que el enfoque este en el mediano y largo plazo, los clientes de momento, son aquellos que "Nos compran", no a quienes les vendemos, tampoco son aquellos con quienes negociamos, esa es una sencilla clave que en el ámbito comercial debe prevalecer.

Un Negociador debe permancer en constante capacitación, aprender cada vez más sobre el mercado y sus tendencias, pues con el dinámismo actual y la globalización, el mercado cambia a un ritmo vertiginoso, lo que funcionó el año pasado, hoy es necesario evaluarlo, pues te aseguro que hay novedades y sobre todo nuevos competidores, por lo que necesitamos preguntarnos diariamente ¿Qué me diferencía en el mercado? ¿Por qué comprar conmigo?, te aseguro que innovarás y saldrás con fuerza a cualquier mercado en el que te desenvuelvas.

Otro factor esencial que quiero compartir contigo el el *Respeto*, debes de evaluarte constantemente bajo un estandar de Profesional, y además de un trato cordial, deberás de tratar a las personas con respeto, pero más allá de ser amable con ellos, busca la manera de hacerlos sentir que son parte de un mismo equipo, proyectales seguridad y confianza, esto es el *90%* del camino a una larga relación comercial sólida.

Recuerda siempre que la postura que define a un Vendedor de un Cliente es desigual, colocará a uno con ventaja por encima del otro, mientras que, si trabajas bajo la figura de Negociador y Socio, les darás la idea de estar colocados siempre en el mismo nivel, esta idea generará una serie de cambios en la forma de pensar de la otra parte involucrada en la negociación y seguro podrás conseguir más acuerdos exitosos.

También es muy válido y te recomiendo de amplia forma, el que **No te desanimes**, durante todo el proceso podrás recibir una, dos o más negativas, pero recuerda, tu *Preparación, Paciencia y Creatividad*, al final podrán hacerlos cambiar de opinión.

Durante todo este recorrido, ya haz captado la escencia de este libro, la misma que ya debes tener, solo que hay que desarrollar constantemente, han sido muchos argumentos, y mucha información, la cual puedes considerar básica y esencial para desarrollarte como un Negociador, y ahora toca tu turno de iniciar este camino, el de la aventura de nuevos retos y nuevas habilidades por desarrollar o descubrir en tí, pero no lo harás solo, si me lo permites estaré a tu lado y llevándote de la mano en tus prácticas y avances, no me considero experto en el tema, pues cada día aprendo algo nuevo y diferente para aplicar, sin embargo con la experiencia que he acumulado, creo poder ayudarte o asesorarte cuando lo creas necesario a través de los canales de comunicación que ya he mencionado y que fueron creados para tí.

Hasta pronto y gracias por dejarme formar parte de un espacio de tu vida personal y profesional.

Tu siempre servidor:

Miguel Angel Toroz

Bibliografía.

- Real Academia Española, *Diccionario de la Lengua Castellana,* Quinta edición.
- Phillip Kotler, *Dirección de Mercadotecnia*, Pearson Education.
- Allan L. Reid, *Técnicas Modernas de Venta y sus Aplicaciones*, Diana.
- Roger Fisher y Danny Ertel, *Obtenga el Si en la práctica,* Gestión 2000.
- Carlos M. Aldao-Zapiola, *La Negociación*, Cinterfor.
- Pikas Flint, *Negociaciones Eficaces, El Comercio.*
- Robert Kiyosaki, *Padre Rico, Padre Pobre,* Paidós.
- Robin Sharma, *El monje que vendió su Ferrari,* Grijalbo.
- Jürgen Klaric, *Véndele a la mente, no a la gente.* Paidós.
- Judy Robinett, *Networking estratégico,* Paidós.
- Titto Galvez, *De cero a emprendedor,* The Starters.
- Harvard Business Press, *Negociar con resultados,* Harvard Business School.
- Franc Ponti y Miguel Donadío, *Historias de Negociadores,* Garnica.
- Ideas Propias, *Técnicas de Negociación*, Ideas Propias.
- Steven p. Cohen, *El Negociador Práctico,* Aguilar.
- Alfred Font Barrot, *Las 12 Leyes de la Negociación*, Penguin Random House.
- Jacques Derrida, *Negotiations,* Stanford University.
- Guilles Deleuze, *Negotiations*, Columbia University.